好心态 好性格 好习惯

文思源—编著

线装书局

Y

　　好心态铸成好性格，好性格源自好习惯，好习惯带来好命运。良好的心态、性格、习惯是人生成功必备的三大法宝。一个人如何在激烈的竞争中生存立足，求得发展，与自身的心态、性格和习惯有着至关重要的联系。

　　什么是心态？心态就是你自己对人、对世界的看法和态度。可以说，心态影响状态，心态主宰成败。心态具有强大力量，有怎样的心态，就会产生怎样的行动。同一件事情，由具有不同心态的人去做，其结果必然会不同。好的心态就像阳光一样，是能量之源，是快乐之本。当我们的心灵充满"阳光"时，我们的生活也一定会变得充满欢笑、丰富多彩。

　　什么是性格？性格是人们在社会交往中所表现出来的一种个性，是人的心理特征的外在表现。在这个世界上，几乎没有两个人的性格是相同的，而人的性格也蕴藏着巨大的能量。一个人身上所具有的好性格越多，与成功的距离就会越近。好的性格是一个人取得成就的内在动力，它的力量能够帮助我们越过前进道路上的障碍，并能在潜移默化中改变我们的人生轨迹。这正如著名成功学大师卡耐基所说"性格决定命运"，所以我们需要培养自己具有良好的性格。

　　什么是习惯？习惯是由一个人行为的累积而形成的某些固定行为，是人们生活中习以为常的行为举止，它铸就能力，左右人生。心态是人生的基本态度，它影响着我们的日常判断；性格是我们特性的标志，它决定了我们的行为取向；而习惯是我们行为的自觉反应，它反映了我们的修养和道德水平。它们相辅相成，在人成功的道路上缺一不可。

本书从人成功必备的三大法宝——心态、性格、习惯入手，将丰富动人的小故事与启人至深的哲理相结合，用睿智、生动的语言，由表及里、由浅入深地向人们诠释了心态、性格、习惯在我们人生中举足轻重的地位，并告诉你如何改变消极的心态，拥有阳光般的心境；如何认识自己的性格，用性格来改变你的人生；如何培养良好的习惯，成就自己的一生，传授给你成功的经验和方式。

好心态、好性格、好习惯是一个人成功必备的基本素质。如果你将本书讲述的方法付诸实践，并充分运用自身的力量应对人生的一切险阻，开发出自己的潜能，改变生存的现状，创造崭新的生活，你就会真正成为自己命运的主人，并迎来成功，成就梦想。

目录 CONTENTS

上 篇
好心态

第一章　心态决定一切

中　篇

好性格

第一章　解开性格密码

第二章 锻造性格，改变人生

第一节 别让不良性格毁了你

第二节 成功必备的优良性格

下 篇

好习惯

第一章 习惯决定成败

第一节 习惯就在我们身边

第二节 成也习惯，败也习惯

第二章 好习惯开拓成功人生

第一节 高效能人士的习惯

上篇

好心态

人的一生不可能背负起自己所遇到的一切，也不可能得到自己想要的一切。人生成功、幸福与否，关键取决于一个人是否具备接纳自我、正视磨难、感悟人生的好心态。一个人的心态可以决定他的命运。拥有好的心态，积极、认真地生活，踏踏实实地走好每一步；摆脱消极心态的控制，接受真实的自己，就会获取财富和成长空间，就会拥有和谐、健康、富足的幸福人生。

第一节　心态决定命运

心情的颜色会影响世界的颜色

有人把世界上的人分为两种：成功的人和失败的人。这两种人在本质上并没有什么区别，只是他们在日常生活中拥有的心情不同，准确地说是他们控制自己心情的能力有所不同。

很多人之所以能够成功，并不是因为他们的人生道路上是多么的一帆风顺，也不是因为他们的能力有多么的超群，而只是因为他们善于控制自己的心情，能在狂风暴雨中看到美丽的彩虹，甚至能在一败涂地中看到美好的未来，并时刻保持一种良好的心理状态，不为暂时的失败而沮丧。

相反，许多人之所以失败，也并不是真的像他们所说的那样缺少机会或者是因为资历浅薄，也不是像某些人说的老天无眼，给自己的保佑不够多，原因仅仅是这种人不会控制自己的心情，任自己的情绪由着面前所发生的事情随意放纵。

总而言之，成败得失都在于两个字——心情。心情好，则事成；心情坏，则事败。

生活中的非理性因素实在是太多了，以致我们常常会因为这些非理性的因素而控制不住自己的心情，导致发生一些原本不该发生的事情。

经过分析，这些困扰人类多年的非理性因素主要有如下几种：嫉妒、愤怒、恐惧、抑郁、紧张，以及狂躁和猜疑。这些都是再平常不过的心理因素，但看似极其平常的心理因素，却往往可以决定一个人的成败得失。

这些心理因素的总和也被称为心态。

一位哲人曾说：心态是一个人真正的主人，要么你去驾驭生命，要么生命驾驭你，而你的心态将决定谁是坐骑，谁是骑师。

良好的心态可以实现更多的自我价值，相反，消极的心态则会妨碍自我价值的实现。

一个心态阳光的人，乐观开朗，那么他做事的态度就是很积极的，不管是在工作中还是在生活中，往往都能很好地完成任务，因此这类人在一定的时间里自我价值的实现也就相对比较多。自我价值实现得越多，自我肯定的成就感也就越强，这使得他能拥有好的心情，他的生活中将形成一个良性循环。

相反，一个心态消沉的人，只知道悲观、抑郁，整天愁眉苦脸地面对生活，不管做什么事情都不积极，甚至错误百出，那么他的自我价值就会实现得越来越少。自我否定的因素逐渐增加，就使他的心情更加消极抑郁，在他的生活中就会形成一个恶性循环。

因此有人说，积极的心态会创造阳光的人生，而消极的心态则会让人生充满阴霾；积极的心态是成功的源泉，是生命的阳光和指路灯，而消极的心态是失败的开始，是生命的无形杀手。

曾经有两个人一起在沙漠的黑夜中行走，水壶中的水早就喝完了，两个人又累又饿，体力渐渐不支了。在休息的时候，其中一个人问另一个人："现在你能看到什么？"

被问的那个人回答道："我现在似乎看到了死亡，似乎看到死神正在一步一步地靠近。"

不过发问的这个人却微微一笑，说："我现在看到的是满天的星星和我的妻子、儿女等待我回家的脸庞。"

最后，那个说看到死神的人真的死了，就在快要走出沙漠的时候，他用刀子匆匆结束了自己的生命；而另一个说看见星星和自己妻子、儿女脸庞的人，靠着星星的方位指示成功地走出了沙漠，并成为人们心目中的英雄。

其实这两个人并没有根本的区别，仅仅是当时各自的心态有所不同，但他们最后却演绎了两种截然不同的命运。因此，一个人的心情往往会决定一个人的命运，要想时刻都过得愉快，你就得让自己的心情永远都在你的掌控之中。要知道，你拥有什么样的心情，世界就会向你呈现什么样的颜色。

目标的高度决定人生的高度

一个人如果失去了目标，就失去了方向，就会成为在原地徘徊的庸人。

人生的目标有大小之分，有人说目标向上看是信仰，向下看是意识；向远看是志向，向近看是计划；向外看是抱负，向内看是责任。这就是说，任何伟大的目标，没有植入你的内心或没有成为切实可行的计划及责任之前，都是一种空想，只能画饼充饥，毫无现实意义。只有靠切实的行动，才能实现自己的目标。

人生中最大的目标可以说是理想，积极的人必然有远大的理想。理想是对未来的追求，是远方的诱惑，它给人战无不胜的力量，所以有人说，理想是人生的太阳。

著名诗人流沙河曾这样描写理想：

理想使忠诚者常遭不幸，
理想使不幸者绝路逢生。
平凡的人因有理想而伟大，
有理想者就是一个"大写的人"。
……

一个拥有远大理想的人通常也会拥有执着的心态和行动。他不会为了一时的安逸而不思进取，甚至放弃自己的远大目标。他的手中会有一架"望远镜"，用来眺望人生的最前方。

拥有目标的人总比消极待事者更具爆发力，更能创造出好的成绩。

目标是人们经过深入思考后得出的一种美好的愿望，它具有坚定性和稳定性，一旦形成，很难改变。因此，目标能使人迸发出生命的潜力，能使人忍受身心的折磨和痛苦，能使人爆发出巨大的勇气和能量。

有两位同是年届70的老太太，一位认为这个年纪已是"古来稀"了，于是开始料理后事，不久就告别了人世。而另一位却不在乎自己的年龄，她要做自己喜欢的事，于是她制订了一个学习登山的计划，冒险攀登高山，先后登上了几座世界名山。在她95岁高龄时，竟然登上了日本的富士山，打破了登此山的最高年龄纪录。她就是全美鼎鼎有名的胡达·克鲁斯老太太。

不同的目标促使人产生不同的心态，不同的情绪会导致人做出不同的行为。所以建立正确的、强烈的目标会使你的人生充实而有意义。

每个人给自己的人生赋予的色彩是丰富多彩的，还是暗淡无光的，全看你制订了什么样的目标。

有一种有趣的现象，那就是运动员在竞争激烈比赛中的表现通常比平时训练要好得多，这是体育比赛已证实的。高尔夫选手、网球运动员、足球运动员、拳击选手都具有一种趋势，他们在普通比赛时惯于虚度光阴，这就是为什么体育世界中有许多"轻微的病"。如果是真正的竞争，你就得设定伟大的目标，它刺激你，使你尽自己最大的努力。当你处于最佳状态，尽最大努力时，晚上躺在床上你才能对自己说："今天我尽了最大的努力了。"然后很满足地睡去。只要你找到伟大的目标，到头来就不会仅得到少数无价值的事物。远大的目标会激发你全身的荷尔蒙，让你高度兴奋。如果生命充满了伟大的目标与刺激，你就会更有干劲。

你对生命的看法大体决定了你能从生命中得到什么。取一根铁条，将它制成门的制动器，它就值 1 美元；用来制作马掌，它就值 50 美元；将它精炼成优良的钢，并且用来制造钟表的主发条，它就值 20000 美元。

看待铁条的方式不同，它最终的价值就会不同。同理，你对未来的不同看法也会使你拥有不同的未来，产生不同的结果。不管你是一个美容师、家庭主妇、运动员，还是学生、推销员或商人，你都应该有一个伟大的目标。布克·华盛顿说："人以达到目标所克服的障碍之大小，来衡量其成就的大小。"

积极者拥有远大的目标，它就像一架望远镜一样，让你看向更远处的美丽风景，而不是只局限于眼前的狭小天地。

积极心态：最大限度地利用潜意识挖掘自身的潜能

消极失败的心态之所以会使人怯懦无能，走向失败，是因为它使人放弃了对伟大潜能的挖掘，让潜能在那里沉睡，白白浪费；

积极成功的心态之所以会使人心想事成，走向成功，是因为它使人能够最大限度地利用潜意识，挖掘出自身的巨大潜能。

人们都渴望成功，那么，成功有无秘诀？这里，我们就要把一个"秘诀"告诉你：成功者之所以取得成功的根本原因就在于他能够运用潜意识挖掘出自身无穷无尽的潜能。任何成功者都不是天生的，只要你抱着积极心态去挖掘你的潜能，你就会有用不完的能量，你的能力就会越来越强。相反，如果你抱着消极心态，不去挖掘自己的潜能，那你只有叹息命运不公，并且越来越消极无能！

每一位在通往成功的道路上艰难前行的跋涉者，都必须学会利用潜意识去挖掘自身的潜能，因为这是通往成功的"捷径"。在适当的时候，用适当的方式，这种潜能就能发挥出无穷的力量，创造出一个又一个奇迹。

刘翔在雅典奥运会上打破了黑人选手对田径短跑项目的垄断，起跑只用了 0.139 秒；世界心理学大师罗扎诺夫的学生一天能学会 1200 个外语单词；而曾严重口吃的美国人乔·吉拉德，居然能够成为全球最受欢迎的演讲大师……

他们都超越了人类以往认识的极限，带给我们新的奇迹。

由此可见，只要你抱着积极的心态去开发你的潜能，你也会像他们一样，有用不完的能量，而后走向成功、成就伟业……

然而，面对这一巨大宝藏，很多人却常常忽视，他们总是用消极心态掩埋自己的潜能，让它伏于冰山之下。

一份心理学研究报告表明，几乎所有的人都只发挥出其能力的 15%。

在这份报告中，我们看到不能发挥其余 85% 能力的根源在于恐惧、不安、自卑、意志薄弱及罪恶感，将所有的原因综合起来，可以说是——与外界的不调和。不能包容外界，消极对待自己，这等于是给自己的能力踩了刹车。

积极地与外界调和，才能使自己的能力发挥到淋漓尽致的地步。

弗洛伊德曾利用无数的实验来证实他的看法，他说，人的能力、本性等大都存在于未发掘出来的部分，就像大部分冰山潜藏在水底一样，这就是著名的冰山理论。他将这些不被人所看到的绝大部分本能和习性称为"潜在意识"，简单地说，就是"盲目性的心的动作"。正因为这种作用是盲目性的，所以是很真实的，而且不能忽视。

潜意识能量的爆发，通常会让肉体和精神都产生意想不到的奇迹变化，潜意识的力量是无穷的。在一场车祸中，丈夫被压在车轮下，娇小的妻子在千钧一发时竟抬高车轮将丈夫救了出来！"疯狂"的人受到潜意识中的巨大能量所驱使，可以产生在正常时无法想象的破坏、抬起、弯曲及粉碎的力量。

拥有积极的心态，不停地挑战自我、挑战极限，就可以挖掘出潜藏在水面下的冰山——潜力。在发掘潜力、不断前行的过程中，人们总会遇到很多困境，但只要你用积极的心态去面对，困难和挫折都可以转变成为潜力的驱动力。

可是令人遗憾的是，有史以来仅有极少数的人能够充分发挥自己的潜能，这实在是一件可悲的事。

我们怎样才能将潜能正确引导出来呢？

1. 在使用中挖掘潜能

要挖掘潜能，必须使用已有的能力。只有使用能力，能力才能产生实际作用。哪怕你已经具有了某种能力，可是搁置一旁，废弃不用，严格地说它也只能算是潜在能力，对现实毫无作用。很多没上过专门学校的推销员比那些专门学营销专业的大学生的推销能力强得多，这正是由于他们在"使用中开发潜能"的缘故。

2. 选准最易突破的一点

面对五花八门、种类繁多的各种潜能，并不需要你对每一种潜能都投入完全一样的时间成本、精力成本去大力开发。那不仅会分散有限的精力，而且也很不现实。我们在全面了解、重视整体潜能的同时，还应根据自己的优势，集中力量，选准一种关键潜能进行开发，取得突破，这样才能盘活整体潜能。开发潜能一定要选准最易突破的一点，以求尽快突破。

3. 充分考虑自身的天赋、资质等客观条件

要根据自身的天赋和资质，特别是根据自身的优势和特长来确定应当着重开发的潜能。只有这样，才能使潜能的开发事半功倍。人人都有自己的优势才能，人人都有自己的最佳发展区。开发潜能一定要根据自身的天赋、资质等客观条件，大力开发优势潜能，否则会费时费力还不讨好。最新教育观提出：由于每个人的特点不同，故而每个人都应当有自己的课程。每个人开发潜能，都要根据自身特点，设计出适合自己开发、利用潜能的蓝图。

4. 承受适当的压力

人往往都有惰性，只有在一定的压力下才能最大限度地开发自身的潜能，压力是促使人进步的最好动力。著名科学家贝弗里奇说："人们最出色的工作往往是在逆境中做出的，思想上的压力，甚至肉体上的痛苦，都可能成为精神上的兴奋剂。很多作家、画家平时灵感难寻，只有在交稿时间迫近造成的压力下，大脑里才容易涌现出灵感。"创造学之父奥斯本说："多数有创造力的人，其实都是在期限的逼迫下从事工作的。决定了期限，他们就会产生对失败的恐惧感。因此，在工作时就会加上情感的力量，会使得工作更加完美。"他还说："谁被逼到角落里，谁就会有出奇的想象。"当然，压力不能过大，压力过大，就会把人给压怕了、压趴了。适度的压力，不但是行动的最好保障，而且往往能使人把潜能发挥到极致，从而创造出令人震惊的奇迹。

接受自己，迎接阳光

对所有人来说，正确评价自己、接受自己至关重要。一个人如果连自己都无法接受，那就根本谈不上喜欢自己以及正确地评价自己。

不接受自己的人常常心情郁闷，对生活中的一切都没兴趣；他认为自己思想怪诞，怀疑自己患有某种精神病；他还会常常抱怨周围的亲友、同事、邻居不能理解他。实际上，他没得任何精神病，问题在于他不能接受自己，因而影响到他对别人的认识，并进而产生其他方面的困难。

只有接受自己，才能建立正确的自我观念，才能适应环境，促使性格健康发展。接受自己，去除自卑感，是让一个人能够迎接阳光的重要保证。

这个世界上没有十全十美的东西，也不存在完人。但在认识自我、看待别人的具体问题上，许多人仍然习惯于追求完美，求全责备，对自己要求样样都好，对别人也往往是全面衡量。

人是可以认识自己、操纵自己的，人的自信不仅在于相信自己有能力、有价值，同时也在于相信自己有缺点毛病。我们放弃了完美，就会明白我们每个人的两重性是不可改变的。所以，我们应当保持这样一种心态和感觉，要知道自己的长处、优点，也要知道自己的短处、缺点；知道自己的潜能和心愿，也知道自己的困难和局限；自己永远具有灵与肉、好与坏、真与伪、友好与孤独、固执与灵活等多方面的两重性。

自我容纳的人，能够实事求是地看待自己，也能正确理解和看待别人的两重性，这样就可以抛弃骄傲自大、清高孤僻、鲁莽草率之类导致失败的弱点。我们以这种自我肯定、自我容纳的观念意识付诸行动，就能从自身条件不足和所处的不利环境的局限中解脱出来。

任何人都有缺点和弱点，任何人也都是无知无能的，只不过表现在不同的事情上而已。因而，任何人在自我表现和与人交往中都难免有笨拙的表现。有些人由于不能实事求是地对待自己的缺点，不能拿出勇气去革新自己、突破自己，所以他们情愿不做事、不讲话、不玩乐交际，也不愿意在别人面前暴露自己的弱点。如在灯火绚丽、乐曲悠扬的宴会厅里，他们很想站起来跳舞，可是因为怕别人笑话自己笨拙，就宁愿做一晚上的看客。跳得好的人越多，他们就越鼓不起勇气。

美国著名的管理学家彼得·德鲁克在《有效的管理者》一书中写道：倘要所有的人都没有短处，其结果最多是一个平庸的组织。所谓"样样都是"，必然"一无是处"。才干越高的人，其缺点往往也很明显——有高峰必有深谷。

谁也不可能是完人，与人类现有的渊博的知识、经验、能力的汇集总和相比，任何伟大的天才都不及格。一位经营者如果只能见人之所短而不能见人之所长，从而执着于挑其短而不着眼于其长，那么这个经营者本身就是弱者。我们必须不断提高和完善自己，必须学会自我肯定、自我接受，这样才能正确地认识自我价值。

那么，怎样才能增进自我接受感呢？

首先，要克服完美主义。这个世界并不完美，所以我们应当知足常乐。要容忍、体谅，不但要与他人和睦相处，还要做到不苛求自己。不要做时钟的奴隶，记住"欲速则不达"，但要尽可能地在限制时间内完成工作。你还要明白，讨好所有的人是不可能的。"受欢迎"的本意是使他人赏识你本人，而不是你一味追求"最好表现"。尝试一下"言所欲言"，坦诚和直率能消除许多障碍与心理压力。要对自己有信心，你和任何人一样有可取之处。勿过分自责，任何人都有彷徨的时刻；勿自卑自怜，你的遭遇并不重要，你对遭遇的反应才是最重要的。

其次，要做到真正了解自己。自知者明，自胜者勇。你可以通过比较法（与同龄、同条件的人相比较）、观察法（看别人对自己的态度）、分析法（剖析自己，了解自己的工作成果）等方法来认识、了解自己。

再次，要树立符合自身情况的奋斗目标。这样你才有机会充分发挥自己的才智，才能有效地增加自己的自信心。

最后，要不断丰富自己的生活经验。每个人都要经历适应环境的过程，在这一过程中你也许发挥了才干，也许暴露了缺陷，这都没关系，正反两方面的经验都将促进你对自己的了解。

最重要的是诚实坦率、平心静气地分析自己。要有勇气承认自己在能力或品质上的缺陷；要肯定自己的长处，扬长避短；要肯定自己的生活方式，并能够接受事业上的打击。只要你能做到以上几点，你就能增强自我接受感。

第二节　摆脱消极心态

悲观挡住了你的阳光

20 世纪的女作家张爱玲的一生，完整地诠释了悲观给人带来的负面影响有多么巨大。张爱玲一生聚集了一大堆矛盾，她是一个善于将艺术生活化、将生活艺术化的享乐主义者，却又是一个对生活充满悲剧感的人；她是名门之后、贵族小姐，却宣称自己是一个自食其力的小市民；她悲天悯人，时时洞见芸芸众生"可笑"背后的"可怜"，但在实际生活中却显得冷漠寡情；她通达人情世故，但她自己无论待人接物还是穿衣打扮均是我行我素、独标孤高；她在文章里同读者拉家常，但在生活中却始终与人保持着距离，不让外人窥探她的内心；她在 20 世纪 40 年代的上海大红大紫，几十年后，她却在美国深居简出，过着与世隔绝的生活。所以，有人说："只有张爱玲才可以同时承受灿烂夺目的喧闹与极度的孤寂。"这种生活态度的确不是普通人能够承受或者是理解的，但用现代心理学的眼光看，其实张爱玲的这种生活状态源于她始终抱着一种悲观的心态活在人间，这种悲观的心态让她无法真正地融入生活，因此她总在两种生活状态里不停地左右徘徊。

张爱玲悲观苍凉的色调，深深地沉积在她的作品中，使其作品产生了巨大而独特的艺术魅力。无论她用怎样细腻轻快的文字，写出怎样可笑或传奇的故事，终不免露出悲音。那种渗透着个人身世之感的悲剧意识，使她能与时代生活中的悲剧氛围相通，从而在更广阔的历史背景上臻于深广。

张爱玲所拥有的深刻的悲剧意识，并没有把她引向西方现代派文学那种对人生彻底绝望的境界。个人气质和文化底蕴最终决定了她只能回到传统文化的意境中，且不免自伤、自恋，因此在生活中，她时而在世俗的喧嚣中沉醉，时而又陷入极度的寂寞中，最后孤老死去。张爱玲的悲剧人生让我们看到了悲观对一个人的戕害是多么惨重。

　　四周都是一眼望不到边的沙漠，水已经都喝完了，两个结伴而行的人身陷沙漠中找不到出去的路。水，水，最要紧的是找到水，已经有一个人因为中暑而不能行动了。同伴把一支枪递给中暑者，再三吩咐："你不要走动，枪里有 5 颗子弹，我走后，每隔两小时你就对空中鸣放一枪，枪声会指引我前来与你会合。"说完，同伴满怀信心地去找水了。

　　时间一点点过去，还看不到同伴的身影。躺在沙漠里的中暑者开始怀疑：同伴能找到水吗？能听到枪声吗？他会不会丢下自己这个"包袱"独自离去？

　　暮色降临的时候，枪里只剩下一颗子弹了，而同伴还没有回来。中暑者确信同伴抛下他离去了，自己只能等待死亡。他痛苦极了，又害怕极了，他仿佛已经看到沙漠里的秃鹰飞来，狠狠地啄瞎他的眼睛，啄食他的身体……终于，中暑者彻底崩溃了，他拿起枪，将最后一颗子弹射进了自己的太阳穴。

枪声响过不久，同伴提着满壶清水，领着一队骆驼商旅赶来，找到了中暑者温热的尸体。中暑者不是被沙漠的恶劣环境吞没，而是被自己的恶劣心境毁灭了。

其实，很多事情也是这样，乐观情绪总会带来快乐、明亮的结果，而悲观的心理则会使人眼前的一切变得灰暗。

悲观者和乐观者在面对同一个问题时会有不同的看法。下面是一个两种见解的典型范例。有两个见解不同的人在激烈争论3个问题。

第一个问题——希望是什么？

悲观者说：是地平线，就算看得到，也永远走不到。

乐观者说：是启明星，能告诉我们曙光就在前头。

第二个问题——风是什么？

悲观者说：是浪的帮凶，能把你埋葬在大海深处。

乐观者说：是帆的伙伴，能把你送到胜利的彼岸。

第三个问题——生命是不是花？

悲观者说：是又怎样，开败了也就没了！

乐观者说：是，它能留下甘甜的果实。

突然，天上传来了上帝的声音，也问了3个问题：

第一个问题——一直向前走，会怎样？

悲观者说：会碰到坑坑洼洼。

乐观者说：会看到柳暗花明。

第二个问题——春雨好不好？

悲观者说：不好！野草会因此长得更疯！

乐观者说：好，百花会因此开得更艳！

第三个问题——如果给你一片荒山，你会怎样？

悲观者说：修一座坟茔！

乐观者反驳：不！种满山的绿树！

于是上帝给了他们两样礼物：

给了乐观者成功，给了悲观者失败。

同样是人，却会有截然不同的人生态度，不同的人生态度会造就截然不同的人生风景，不同的世界观会导致截然不同的人生结局。无论面对怎样的环境，有着怎样的困难，都不能放弃自己的信念，而要自信地迎接生活的挑战，绝不能让悲观挡住了阳光。

恐惧是人生的大敌

恐惧是人情感中难解的症结之一。面对自然界和人类社会，生命的进程从来都不是一帆风顺、平安无事的，而是总会遭到各种各样的挫折、失败和痛苦。当一个人预料将会有某种不良后果产生或受到威胁时，就会产生一种不愉快的情绪，并为此而紧张不安，程度从轻微的忧虑一直到惊慌失措。现实生活中，每个人都可能经历某种困难或危险的处境，从而体验不同程度的焦虑。

恐惧作为一种生命情感的痛苦体验，是一种心理折磨。人们往往并不为已经到来的或正在经历的事而惧怕，而是会对结果的预感产生恐慌。人们生怕无助、生怕被排斥、生怕孤独、生怕被伤害、生怕死亡的突然降临。同时，人们也生怕失官、生怕失职、生怕失恋、生怕失亲、生怕声誉瞬息遭毁。其实，让我们恐惧的这些东西并没有那么可怕，可怕的是恐惧本身，恐惧摧残一个人的精神，比什么东西都可怕。

整日游荡在充满各种恐惧世界里的人会呈现出一副布满焦虑和担忧的脸孔，在他的心目中，似乎人生就是永恒的失意。这真是一件令人惋惜的事情！

恐惧虽然阻碍着人们力量的发挥和生活质量的提高，但它并非是不可战胜的。只要人们能够积极地行动起来，在行动中有意识地纠正自己的恐惧心理，那它就不会再成为我们的威胁了。

如果一个人面对令他恐惧的事情时总是这样想："等到没有恐惧心理时再来做吧，我得先把害怕退缩的心态赶走才可以。"这样做的结果往往是把精神全浪费在消除恐惧感上。

恐惧纯粹是一种心理现象，是一个幻想中的怪物，一旦我们认识到这一点，我们的恐惧感就会消失。如果我们都被正确地告知没有任何臆想的东西能伤害到我们，如果我们的见识广博到足以明了没有任何臆想的东西能伤害到我们，那我们就不会再感到恐惧了。

弱者的害怕，是在害怕中充满疑虑；强者的害怕，是在害怕中仍然充满自信。

害怕是人的正常情绪，压抑自己的害怕只会令你更加手足无措；你可以害怕，但是不能输给眼前的敌人。

马克·富莱顿说："人的内心隐藏任何一点儿恐惧，都会使他受到魔鬼的利用。"美国著名作家、诺贝尔文学奖获得者福克纳说："世界上最懦弱的事情就是害怕，应该忘了恐惧感，而把全部身心放在属于人类情感的真理上。"爱因斯坦说："人只有献身社会，才能找出那实际上是短暂而有风险的生命的意义。"

循着哲人们的脚步，聆听着他们智慧的声音，我们还有什么可以恐惧的理由？

勇敢的思想和坚定的信心是治疗恐惧的良药，它们能够中和恐惧思想，如同化学家通过在酸溶液里加一点儿碱，就可以破坏酸的腐蚀性一样。当人们心神不安时，当忧虑正消耗着他们的活力和精力时，他们是不可能获得最佳效率的，是不可能事半功倍地将事情办好的。

所有的恐惧在某种程度上都与人自己的软弱感和力不从心有关，因为此时他的思想意识和他体内的巨大力量是分离的。一旦他开始心力交融，一旦他重新找到了让他自己感到满意和大彻大悟的那种平和感，那么他将真正体味到做人的荣耀。感受到这种力量和享受到这种无穷力量的福祉之后，他便绝对不会满足于心灵的不安和四处游荡，绝对不会满足于萎靡不振的状态。

在不安、恐惧的心态下仍勇于作为，是克服精神紧张的处方，能使人在行动之中获得活力与生气，渐渐忘却恐惧心理。只要不畏缩，有了初步行动，就能带动第二次、第三次的出发，如此一来，心理与行动都会渐渐走上正确的轨道。

恐惧产生的结果多是自我伤害，它不仅会让人丧失自信心或战斗力，还能使人被根本不存在的危险伤害。与恐惧相反，勇气和镇定能使人变得强大，能减少或避免危害。所以，在面对危险的时候，一定要临危不乱，牢记勇者无惧的箴言，这样你才能从容面对生活并且走向成功。

忧虑是一种心理疾病

忧虑是一种过度忧愁和伤感的情绪体验，人有时都会有忧虑的心理。但如果总是毫无原因地忧虑，或虽有原因，却不能自控地显得心事重重、愁眉苦脸，那就属于心理性忧虑了。

忧虑使人在情绪上表现出强烈而持久的悲伤，让人觉得心情压抑和苦闷，并常常伴随着焦虑、烦躁及易激怒等反应。忧虑使人在认识上表现出负面的自我评价，让人感到自己没有价值，生活没有意义，对未来充满悲观；还能让人对各种事物缺乏兴趣，依赖性增强，活动水平下降，变得不愿与他人交往；忧虑过重的人常伴有自卑感，严重者还会产生自杀的想法。

忧虑的核心表现就是郁郁寡欢，忧虑的人常常会无缘无故、莫名其妙地焦虑不安、苦闷伤感。如果再遇上环境刺激时，就犹如"火上浇油"，他们会进一步加重忧愁和烦恼。大家所熟悉的《红楼梦》中的林黛玉，就是属于这类忧虑性格的人。一般来讲，性格内向、心胸狭窄、任性固执、多愁善感、孤僻离群的人多带有忧虑倾向。

一个人为什么会忧虑，其产生原因是多方面的，但最主要原因来自自我。正像英国作家萨克雷所说的："生活就是一面镜子，你笑，它也笑；你哭，它也哭。"这与一个人的社会经验的多寡是有关的。忧虑的人对社会、对他人的期望值过高，对实现美好愿望的艰巨性、复杂性又估计不足，于是当其愿望与现实之间出现巨大落差时，即产生失落感，进而失望、失意或忧虑。

忧虑的产生还与一个人的生存能力有关。有些人缺乏对复杂社会的适应能力，心理承受能力很低，承受挫折的耐受力很差，个性又特别脆弱，因此容易陷入忧虑中甚至走极端。

忧虑这种心理疾病对我们的心理是极大的负担，甚至会影响我们的身体健康。有位著名的医生曾这么说过：

"在医生接触的病人中，有70%的人只要能够消除他们的恐惧和忧虑，病自然就会好起来。

"不要误以为他们都是装病，他们的病就像你有一颗蛀牙一样实在，有时候比你想象的还严重100倍。这种病就像神经性的消化不良，某些胃溃疡、心脏病、失眠症、一些头痛症和麻痹症等。这些病都是真病，我这些话也不是乱说的，因为我自己就得过17年的胃溃疡。恐惧使你忧虑，忧虑使你紧张，并影响到你胃部的神经，使胃里的胃液由正常变为不正常，因此就容易产生胃溃疡。

"精神失常的原因何在？没有人知道全部的答案。可是在大多数情况下，极可能是由恐惧和忧虑造成的。焦虑和烦躁不安的人，多半不能适应现实的世界，而跟周围的环境断了所有的联系，缩到他自己的梦想世界里，借此解决他所有的忧虑问题。"

有科学家对人的忧虑进行了科学的量化、统计、分析，结果发现，几乎百分之百的忧虑是毫无必要的。统计发现，40％的忧虑是关于未来的事情，30％的忧虑是关于过去的事情，22％的忧虑来自微不足道的小事，4％的忧虑来自我们改变不了的事实，剩下4％的忧虑来自那些我们正在做的事情。

快乐是自找的，烦恼也是自找的。如果你不给自己寻烦恼，别人永远也不可能给你烦恼。所以，每当你忧心忡忡的时候，每当你唉声叹气的时候，不妨把你的烦恼写下来，然后在科学家的分析中为自己的烦恼归个类：它是属于40％的未来，30％的过去，22％的小事情，4％的无法改变的事实，还是剩下的那一个4％呢？

20世纪60年代，意大利的一个康复旅行团体在医生的带领下去奥地利旅行。在参观当地一位名人的私人城堡时，那位名人亲自出来接待。他虽已80岁高龄，但依旧精神焕发、风趣幽默。他说，各位客人来这里打算向我学习，真是大错特错，应该向我的伙伴们学习：我的狗巴迪不管遭受如何惨痛的欺凌和虐待，都会很快地把痛苦抛到脑后，热情地享受每一根骨头；我的猫赖斯从不为任何事发愁，它如果感到焦虑不安，即使是最轻微的情绪紧张，也会去美美地睡一觉，让焦虑消失；我的鸟莫利最懂得忙里偷闲、享受生活，即使树丛里吃的东西有很多，它也会吃一会儿就停下来唱唱歌。"相比之下，人却总是自寻烦恼，人不是最笨的动物吗？"他总结道。

忧虑的人也许各有各的忧虑，但快乐的人都是相似的。他们在面对人生的各种选择时，总会选择让自己快乐的那一种。

嫉妒是痛苦的制造者

嫉妒是痛苦的制造者，在各种心理问题中是对人伤害最严重的一种，可以称得上是心灵的恶性肿瘤。如果一个人缺乏正确的竞争心理，只关心别人的成绩，同时内心产生严重的怨恨，嫉妒他人，时间一久，心中的压抑聚集，就会形成心理问题，对健康也会造成极大的伤害。

因为嫉妒，造成了很多无法挽回的惨剧。有这样一个真实的故事：

对信阳市 3581 高级中学三年级 1 班 409 寝室的女生而言，2003 年 1 月 21 日那个凌晨，无疑是一场噩梦。

凌晨 2 时许，正在香甜的梦中熟睡的 8 名女生，突然被一声撕心裂肺的惨叫声惊醒。惨叫声是从门边下铺的张静那里发出的。张静不住地喊痛，她原本漂亮的脸变成一片黑色，而且正在起泡，越来越恐怖。大家惊呆了：有人故意用硫酸作恶毁容！

在医院里，大家痛心地看到，张静那张被硫酸烧灼的面孔惨不忍睹。和张静同床的晶晶左手也被硫酸烧伤，幸运的是，她的伤只是轻微伤。

此案发生后，女生宿舍一片惶恐，因为遭硫酸袭击的床位其实是晶晶的床位。校方赶紧向公安机关报案。河区公安分局成立专案组进驻 3581 高级中学。3 天后，一个女生提供了一条线索。

办案人员立即讯问与晶晶同班的女生马娟。马娟坦白说：2003年 1 月 20 日中午，她花 8 元钱购买了一大瓶硫酸拿回学校。她要找机会将硫酸泼到晶晶耳朵上，让晶晶尝一尝她的厉害。

当晚，马娟早早睡下。凌晨 2 时许，她端起装有硫酸的白瓷杯，径直走到 409 室。409 室的门凑巧没锁，她轻轻一推，门开了。当马娟走到晶晶的面前时，该寝室里的一位女生正好说梦话。马娟吓了一跳，以为有人看见她了。知道晶晶和张静同睡一床的她在心慌意乱下，将硫酸往床上一个人的脸上一泼，转身就逃。身后传来张静痛苦的惨叫，她一听，就知道泼错人了。

马娟说："因为晶晶比较聪明，比我学习好，1 月 20 日又要考试了，我的压力比较大，决定想办法耽误一下晶晶的学习时间，以免和她的学习成绩相差太远。考虑再三，我选定了泼硫酸这个办法。"

信阳市中级人民法院审理后认为：被告人马娟因嫉妒他人，采用泼硫酸的手段，致一人重伤且造成严重残疾，一人轻微伤。犯罪手段极其残忍，后果特别严重，其行为已构成故意伤害罪。

2003 年 10 月 14 日，泼硫酸的马娟被法院判处死刑，剥夺政治权利终身。

是什么让马娟铤而走险，用众人皆知的腐蚀性很强的硫酸毁掉了同学如花的脸庞？是嫉妒！如此看来，嫉妒比毒瘤还要可怕。

嫉妒作为人类的弱点，几乎人人都有，只是多与少的不同。这是人性中残存的动物性的一面。据研究者说，许多动物都有嫉妒的本性，比如一只狼会把比它多抢了猎物的同类咬死。一个杂技团驯兽员曾说，一只叫丽娘的小狗看到驯兽员接触一只叫艾玛的小狗较多时，它竟然嫉妒地把艾玛咬死了。尽管我们早已进化成人，但这个"动物性"却似乎与生俱来的。当我们还是孩子时，就会因为父母表现出的对其他兄弟姐妹的偏心而心生不快，我们会因他们比自己多吃了一口蛋糕或穿了一件新衣服而生气甚至哭闹。虽然嫉妒是人普遍存在的也可以说是天生的缺点，但我们绝不可因此而忽视它的危害性，特别是当嫉妒已经发展到很严重的地步时，我们内心产生的怨恨会越积越多，时间久了会形成心理问题，会对健康造成极大的伤害。

1. 对心理健康的危害

泛化了的嫉妒是一种病态，表现为人格的偏离。这种病态的人格表现为极度的感觉过敏，思想、行动固执死板，以及坚持毫无根据的怀疑。有病态嫉妒心理的人对别人特别嫉妒，又非常羡慕；对自己过分关心，又无端夸张自己的重要性；把自己的错误或不慎产生的后果归咎于他人，不停地责备和加罪于他人，却原谅自己；总是过多过高地要求他人，但从来不信任别人的动机和意愿，总认为别人心存不良，甚至认为别人对自己耍阴谋。

很显然，这种人格是偏离常态的。在精神病学临床表现上，病人的人格不仅决定了他患病后的行为，而且也为其某种精神疾病的发生打下了基础。具有病态的嫉妒的人格偏离往往会使人出现妄想症状，最后发展为偏执型精神病或精神分裂症。

2. 对个人发展的危害

嫉妒对个人发展的危害是很明显的。由于人格偏离，这种人常常不信任别人，好嫉妒、好归罪于他人，这必然会影响个体的人际关系和社会职能。从他人的角度看，如果一个人对他不信任，将失败全归罪于他，对他存有嫉妒心，他怎么能与这个人友好相处及合作呢？从个体自己的角度看，不信任别人、嫉妒他人，则不能与团队愉快合作。

在强者的字典里，没有半途而废这个概念，他们像阿甘一样，不停地"奔跑"。他们对生活中的每件事都认真到底，积极主动地面对各种挑战。在他们成功的字典里，你只会看到"坚持到底就是胜利""努力，再努力"等振奋人心的话。

第一节　乐观心态：营造成功的心境

乐观源于自我肯定

许多看似与快乐联系在一起的因素——财富、盛名和好运——其实只是假象。研究发现，在富有的美国和欧洲，财富与乐观之间的相互联系微乎其微——事实上几乎没有联系。甚至连那些巨富也比普通人快乐不了多少。

真正的乐观心态，其实与外在无关，它更多的是源于内心，源于对自己的自我肯定。

有这样一则寓言：

一天，皇帝独自在花园里散步，但他惊讶地发现，花园里所有的植物都枯萎了，一片荒凉。原来，橡树因为没有松树那么高大挺拔，轻生厌世死了；松树因自己不能像葡萄那样结许多果子，也死了；葡萄哀叹自己终日匍匐在架上，不能直立，不能像桃树那样开出美丽可爱的花朵，于是也死了；牵牛花也病倒了，因为它叹息自己没有紫丁香那样芬芳；其余的植物也都垂头丧气，没精打采，只有细小的心安草在茂盛地生长。

皇帝问道："小小的心安草，别的植物全都枯萎了，为什么你这么勇敢乐观，毫不沮丧呢？"

心安草回答说："皇帝啊，我一点儿也不灰心失望，因为我知道，如果皇帝您想要一棵橡树，或者一棵松树、一丛葡萄、一棵桃树、一株牵牛花、一棵紫丁香等，您就会叫园丁把它们种上，而我知道您希望于我的就是要我安心做小小的心安草。"

正是由于心安草不自我贬低，肯定自我，才能够在花园中快乐地成长。做人就应该像心安草这样，而不是像园里的其他植物，一味地看到别人的长处，看不到自己的优点而贬低自己。这种连自己都无法认清、失去自信的人，也就无法拥有乐观的心态。

乐观如此简单，只要找到自己值得肯定的地方，用自信驱走那些悲观、那些遗憾，你就可以快乐地面对这个世界。

乐观是操之在我的"心造幸福"

昆仑山麓，水清草美。据说这一带盛产一种快乐果，凡是得到这种果的人，一定喜形于色、笑逐颜开，不知道烦恼为何物。

曾经有一个人，为了得到无尽的快乐，不惜跋山涉水，去寻找这种果。他历尽千辛万苦，终于到了昆仑山麓，在险峻的山崖上，他找到了这种快乐果，可是他却发现自己并没有得到预想中的快乐，反而感到一种空虚和失落。

这天晚上，他在山上一位老人的屋中借宿，面对皎洁的月光，他发出了一声长长的叹息。

老人闻声而至，问他："年轻人，什么事让你这样叹息呀？"

于是，他说出了心中的疑问：为什么已经得到快乐果的自己，却没有得到快乐呢？

老人一听就乐了，说："其实，快乐果并非只有昆仑山才有，而是人人心中都有。只要你有快乐的根，无论走到天涯海角，都能够得到快乐。"

老人的话让年轻人顿觉精神一振，又问："什么是快乐的根？"

老人就说："心就是快乐的根。"

可叹愚者，他虽然找到了快乐果，但是却没有找到快乐的根——心。被自己的情绪所奴役，以为找到了快乐果，就可以拥有快乐，而当快乐果没有带给他快乐时，又叹息不快。他完全被得失快乐果的心绪所主宰，而忘记了快乐由心而发的道理。

一个悲观主义者和一个乐观主义者一同在黄昏的路上散步，悲观主义者触景生情地说：太阳正在坠落；乐观主义者则说：群星正在升起。

　　对同一件事情，不同的人有不同的看法。其实事物是客观存在，不会改变，改变的是人的心境，所谓"境由心生"便是由此而发。

　　"乐观之境"便是一种幸福境界。这种幸福不是财富、权力、地位等所给予的，即使你贫穷、平凡，在别人看来一无所有，只要你能够主宰自己的情绪，让快乐做主，幸福便会由"心"制造。

　　即使遭遇不幸，你也可以主宰自己的快乐，用乐观驱走不幸。

　　米凯尔曾经是一个不幸的人。在一次意外事故中，他身上65%以上的皮肤都被烧坏了，为此他动了16次手术。手术后，他无法拿起叉子，无法拨电话，也无法一个人上厕所，但以前曾是海军陆战队队员的米凯尔从不认为他被打败了。他说："我完全可以掌握我自己的人生之船，我可以选择把目前的状况看成倒退或是一个新起点。"6个月之后，他又能开飞机了！

　　米凯尔为自己在科罗拉多州买了一幢维多利亚式的房子，另外还买了一些房产、一架飞机及一家酒吧。他和两个朋友合资开了一家公司，专门生产以木材为燃料的炉子，这家公司后来成为佛蒙特州第二大私人公司。

　　在米凯尔开办公司后的第4年，他开的飞机在起飞时不幸摔回跑道上，他的12块脊椎骨被压得粉碎，造成腰部以下永远瘫痪！"我不解的是为何这些事老是发生在我身上，我到底是造了什么孽要遭到这样的报应？"

尽管这样，米凯尔仍不屈不挠，他日夜努力使自己能达到最高限度的"独立自主"。后来他被选为科罗拉多州孤峰顶镇的镇长，职责是保护小镇的美景及环境，使之不因矿产的开采而遭受破坏。再后来他参加竞选国会议员，他用一句"不只是另一张小白脸"的口号，将自己难看的脸转化成一项有利的资本。

尽管面貌骇人、行动不便，米凯尔仍坠入爱河，并且完成终身大事。他还拿到了公共行政硕士证书，并坚持他的飞行活动、环保运动及公共演说。

米凯尔说："我瘫痪之前可以做1万件事，现在我只能做9000件，我可以选择把注意力放在我无法再做的1000件事上，或是把目光放在我还能做的9000件事上。我的人生曾遭受过两次重大的挫折，但我选择不把挫折拿来当成放弃努力的借口，或许你们也可以从一个新的角度来看待一些一直让你们裹足不前的难题。想开一点，然后你就有机会说：'或许那也没什么大不了的！'"

如果米凯尔在事故发生之初便一蹶不振，哀叹自己的不幸，那么现在的他只可能是躺在床上自怨自艾的可怜虫。

人生没有假设。正是因为米凯尔选择了不被情绪所掌控，乐观面对困境，才没有被命运扼住喉咙，而是用"心"为自己制造了一个幸福的天堂。

用"心"微笑，让你充满活力

乐观的人，总爱用微笑来诠释自己的心灵。而微笑是一种魔力，让人充满乐观的力量，永远活力四射。

我们永远无法阻止岁月的流逝，但是却可以阻止心灵的老去。很多人在身体还没有变老之前，心却先老了。在年轻的时候，我们以为自己 45 岁就一定老了，到 50 岁就日落西山了……这些都是因为我们忘了用"心"微笑。

奥利弗·霍尔姆斯 80 岁的时候，人们问他永葆活力的秘诀是什么，他回答说："要保持愉快的心情，要对自己满意。我从来没有感到愿望得不到满足的痛苦……躁动、野心、不满、忧虑，所有的这些都会使皱纹过早地爬上额头，而皱纹不会出现在微笑的脸庞上。微笑是年轻的讯息，自我满足是年轻的源泉。"

还有一位著名的女演员说："我永远不会变老，因为我喜欢用'心'微笑，我在微笑中永远不会感到疲倦。当一个人幸福、充实和永不疲倦的时候，当他的精神永远年轻的时候，皱纹怎么会爬上他的额头呢？当我感到疲惫的时候，那不是我精神的疲惫，而是我身体的疲惫。"

我们不知道怎样留住自己的青春，所以我们才会变老，就像我们不知道怎样留住健康，所以才会生病一样。无知和错误的思想导致了疾病的发生，一个思想乐观、爱护身体的人怎么会轻易得病呢？如果他的思想永远是年轻的，那么即使是一个老人也能够像年轻人那样充满活力。据说长寿的人都是乐观的，如果你能够摒弃失望，用乐观的心态和真诚的微笑去面对困难，皱纹怎么会爬上你的额头呢？要知道，快乐是长寿的源泉。

要留住岁月的脚步，请每天都快乐地微笑，请给生活增添一些多味的调料。

《一千零一夜》中智慧的化身所罗门留给我们一颗智慧的明珠："愉快的心情能治百病，沮丧和沉闷会使人疾病加身。"现代医学研究也表明，一个情绪乐观的人往往有健康的身体。

沙伦·贝格利博士在《笑的生理学》中解释说："一次大笑所产生的效果，相当于一次中等程度的体育锻炼，如腹部、胸部、肩部等的肌肉收缩，使心率加快和血压增高。在一次爆发性的大笑以后，脉搏的频率会加倍，从每分钟 60 次变为 120 次，心脏的收缩压会从平常的 16 千帕升高到十分激动时的 27 千帕。"

泰国某公司为了保持员工们的活力和热情，安排了一个教导员工怎样开怀大笑的课程，利用大笑来提升员工的士气，让他们心情变好。

人是精神和肉体的统一体，身、心之间相互作用。一个人情绪的好坏直接影响到他的工作、生活和身体健康。从医学上看，笑是心理和生理健康的反应，是精神愉快的表现；笑能消除神经和精神的紧张，使大脑皮质得到休息，使肌肉得到放松。

笑还是一种特殊的健身运动。人一笑便会引起眼、口周围的表情肌和胸腹部肌肉运动。捧腹大笑时连四肢的肌肉也一起运动，从而加快了血液循环，促进全身新陈代谢，提高抗病的能力。

笑对呼吸系统有良好的作用，随着朗朗的笑声，胸脯起伏，肺叶扩张，呼吸肌肉也跟着活动，好比一套欢笑呼吸操。笑是一种最有效的消化剂，愉快的心情能增加消化液的分泌，欢声笑语可促进消化道的活动，使人食欲大增。

伟大的生理学家巴甫洛夫认为："愉快可以使你感受到生命的每一次跳动和生活的每一个印象，躯体和精神上的愉快都是如此，可以使身体强健。"

微笑的作用如此巨大，它是一把打开心窗的钥匙。

心窗没有打开的时候，我们会感到窒息；心窗打开了，心和情绪才能够通达，心灵的视觉才更清晰。

一旦窗户打开了，情绪和心灵的空间也就豁然开朗，对于一些事情也能看得更透彻了，就能消除积存的烦恼，充满活力。

一位老妇人在晚年罹患了骨癌，苦不堪言。后来病情加剧，以致行走都很困难，从此拐杖和轮椅便和她形影不离。即使如此，她还是用乐观的态度面对周围所有的事物。

她的屋子总是充满着笑声，访客还是如旧时一般络绎不绝。有时候，她想在床上多躺一会儿，于是她的外孙们就到她房里去——3个不到8岁的小男孩围在床边。她会说故事给其中一个听，和一个玩游戏，同时哄另一个睡觉。

最让人感动的是，在最痛苦的时候，她依然微笑面对每一个人。即使病情越来越严重，她仍总是说："这把老骨头今天总算有点起色了。"她从心底散发的微笑就好像磁铁，吸引了所有的人，让人不由自主地留在她身旁。

"心"的微笑带给我们如此多的活力,让我们变得快乐幸福。

奥格·曼迪诺曾发表一篇名为《我要笑遍世界》的文章,其中这样写道:

我要笑遍世界。

只有人类才会笑。树木受伤时也会流"血",禽兽也会因痛苦和饥饿而号啕与哀鸣。然而,只有人才具备笑的天赋,可以随时开怀大笑。从今往后,我要培养笑的习惯。

笑有助于消化,笑能减轻压力,笑是长寿的秘方。现在我终于掌握了它,我要笑遍世界。

……

我要用笑声点缀今天,我要用笑声照亮黑夜;我不再苦苦寻觅快乐,我要在繁忙的工作中忘记悲伤;我要享受今天的快乐,它不像粮食可以储藏,更不似美酒越陈越香。我不是为将来而活,今天播种今天收获。

只要我能笑,我就不会贫穷。这也是天赋,我不再浪费它。

只有在笑声和快乐中,我才能真正品尝到成功的滋味。只有在笑声和快乐中,我才能品尝到劳动的果实。如果不是这样的话,我会失败,因为快乐是美酒佳酿。要想享受成功,必须先得到快乐,而笑声便是那伴娘。

……

是的,只要你拥有乐观,用"心"微笑,就可以笑遍世界,拥有无限活力，你的人生也会因此而精彩。

乐观，让你拥有好人缘

在物理学中有一种混沌效应原理：亚马逊河的蝴蝶扇动一下翅膀，美国就有一场暴风雨，这种效应又叫作"蝴蝶效应"。在人的心理活动中，同样有这种"蝴蝶效应"。人的情感具有传染性，悲观的人散发出来的忧郁会让别人退避三舍，而乐观者则会用快乐吸引更多朋友，这个现象可定义成"情感传染的混沌效应"。

悲观和乐观心态都是一种情感散发的方式，都是给他人一个对你印象的"写真"，并且让他人了解到你是谁，你到底是什么样的人，你在做什么，要到哪儿去。它是一种感觉、动作和思考的表现，透露出你的气质、意见和个性。人有一种"向光性"，即都喜欢与乐观的人做朋友，因为从他们那里可以受到快乐的感染。但是悲观，则会散发出一种拒人于千里之外的气息，让人退避三舍。

态度的两个主要成分是投射和吸收。你的自我形象是经由你的态度传递或投射给其他人的。接下来，你所投射出去的讯息被别人接收，然后他们就会做出相应的反应。如果你希望别人对你很友好，那么在你对他们的态度中，你就必须要持有同样乐观友好的态度，而悲观的态度所得到的响应会迥然相反。就像阳光可以使接触到它的物体产生温度，而冰块则会让物体冰冷一样。人类同样有着"热感传导"效应。

当你投射出去的态度和别人接收的态度合二为一的时候，你就会变得很有吸引力，能够吸引周围的很多人作为你的朋友。如果你总是表现出快乐的情绪，感染你周围的人，别人便会产生共鸣，与你进行一种快乐的交流。

乐观或悲观态度是你将自我形象的思想和感觉投射在这世上的表现。检查一下你的内在思想意识和你的内在感觉，如果它们不能互相协调，在你的态度中悲观就会成为主角。你的悲观态度被别人接收后，他们就会"自动防御"——远离你。

态度的本身就决定了你的回报。乐观、向上的态度将迎来明媚的阳光和快乐，而悲观、阴暗的态度将迎来阴霾和苦楚。

每个人都可以用乐观的态度向周围散播快乐。无论做什么事都面带笑容，那么别人看到你就会很开心，他们也会开始带着笑容来工作，然后更多的人看到，就有更多的人开心，大家都带着快乐的心情工作。带着笑容做事，工作效率也会随着提高，大家合作起来就更容易，我们生活的环境也就会越来越美好。

你可能会想：如果我对他微笑，可是他还是板着脸，不肯理我，那我岂不是很尴尬？

其实不是什么人都会随时微笑的。只有那些乐观的人，才可能随时把微笑携带在身边。

在我们带给大家快乐的同时，也同样在给别人向我们提供快乐的机会。肯尼迪曾说过："如果一个人可以改变一件事，那么每个人都应该试试看。"一个人的力量虽然微薄，无法让每个人都快乐，但拥有乐观，我们就会赢得大多数人的好感，就会拥有好人缘，拥有很多好朋友。

不能够乐观面对生活的人会遇到种种问题，甚至会产生人际交往的障碍。

　　心理学家发现，如果一个人长期处于悲观状态，缺乏与他人的积极交往，缺乏稳定、良好的人际关系，那么这个人往往有明显的性格缺陷。在心理咨询的实践中也发现，绝大多数人的心理危机，都是因为缺乏乐观的心态，不能与别人好好交往，从而引发的心理疾病。那些生活在没有形成友好、合作、融洽的心理交往氛围中的悲观者，常常显示出压抑、敏感、自我防卫、难以合作等悲观情绪，对生活的满意程度较低。而人际关系比较融洽的乐观者，则常常表现出愉快、轻松、健康向上的乐观心态，在行为上也以注重成就、乐于与人交往和帮助别人为主。可见，人的心态和性格状况，直接受到与别人的交往关系的影响。乐观的人，不是被动地在生活中应付人际关系，而是把与人交往当成一种快乐，这种主动自然会让他们拥有更多的友谊。

　　好的人缘总是与健康的乐观心态相伴随的。心理健康水平越高，与别人的交往越积极，越符合社会的期望，与别人的关系也越密切。心理学家高尔顿和奥尔波特发现，拥有乐观心态的人能够和他人建立良好的交往和融洽的关系。他们可以很体谅别人，给人以快乐、温暖、关怀和爱。这种能力成为他们拥有好人缘的制胜法宝。

第二节 积极心态：走向成功的动力

积极是永不服老的"年轻"态

每个人都希望自己永远年轻，因而在祝福别人的时候，我们常常会说：青春永驻，永远年轻。但一个人的生命从年轻到衰老，是无法改变的自然规律。为了延缓衰老，让自己多拥有一些年轻时光，人们寻求各种养生秘方，保健品、保健器械、化妆品、医疗美容……过分关注外在的同时，人们却忽略了保持青春的另一个重要方面：保持一颗年轻的心。

一个人年轻与否，除了生理年龄和外表外，更重要的是心理年龄，即是否拥有年轻的心态。如果你只是有年轻的外表，而失去一颗年轻的心，那你的"年轻"也不会保持多久。保持年轻的心态并不意味着要放弃做一个成年人，回归孩童的幼稚，而是要求我们对待现实的心态更积极一些，更热情一些。

对于一个积极生活、热爱生命的人来说，年龄只是一个数字。你若认为自己衰老，就会变得老气横秋；你若认为自己年轻，就会变得生机勃勃。岁月只能在人的皮肤上留下皱纹，失去对生活的热情却会使人的心灵起皱。人的一生必然会从青年走向老年，只要珍惜和把握，无论在哪一个年龄段，都可以创造出人生美境。

麦克阿瑟是美国历史上卓有成就的一名五星上将，同时也是获得功勋最多的军人之一。他投身军旅52载，身经两次世界大战，时时刻刻都以"责任、荣誉、国家"为念。他的名言"老兵不死，只有悄然隐去"在人们心中留下深远的影响。

麦克阿瑟一生都十分自信、满怀希望、积极而不疑虑。他晚年时发表了一篇关于年轻的文章："年龄使皮肤和灵魂起皱纹，并使你放弃兴趣、爱好，你有信仰就年轻，你若疑虑就年老；你有自信就年轻，你若恐惧就年老；你有希望就年轻，你若绝望就年老。在心底深处藏有一间记录室，如果永远收到美丽、希望、愉快和勇气的讯号，你就永远年轻；当你的心房被悲观和犬儒主义所掩蔽，你就只有渐渐变老，渐渐凋零了。"

无独有偶，塞缪尔·尤尔曼，一个大器晚成、70多岁才开始写作的作家，在作品《年轻》中这样写道："年轻，不是人生旅程中的一段时光，也不是红颜、朱唇和轻快的脚步，它是心灵中的一种状态，是头脑中的一个意念，是理性思维中的创造潜力，是情感活动中的一股勃勃生机，是使人生春意盎然的源泉。"

年轻，意味着放弃固执的温室和停滞的享受而去开创生活，意味着超越羞涩、怯懦的胆识和勇气。无论是70岁还是17岁，每个人的心里都会蕴含着奇迹般的力量，都会对进取和竞争怀着孩子般的无穷无尽的渴望。在每个人的心中，都拥有一个类似无线电台的东西，只要能源源不断地接收美好、希望、欢乐、勇气和力量的信息，就会永远年轻。

永远年轻的状态是需要用对生活的热情和对挑战的勇气去保持的，否则你的心便会被玩世不恭的冷漠和悲观绝望的严酷所覆盖，哪怕你才只有 20 岁，你也会衰老。但如果你永远保持热情和"不服老"的精神，捕捉每一个积极进取的音符，那你就会有希望在古稀之年依然年轻。

走出消极空虚的心理黑洞

两兄弟相伴去遥远的地方寻找人生的幸福和快乐，一路上风餐露宿，在即将到达目的地的时候，他们遇到了一条风急浪高的大河，河的彼岸就是幸福和快乐的天堂。关于如何渡过这条河，两个人产生了不同的意见，哥哥建议采伐附近的树木造成一条木船渡过河去，弟弟则认为无论用哪种办法都不可能渡过这条河，与其自寻烦恼和死路，不如等这条河流干了，再轻轻松松地走过去。

于是，建议造船的哥哥每天砍伐树木，辛苦而积极地制造船只，并学会了游泳；而弟弟则每天躺下休息睡觉，然后到河边观察河水流干了没有。直到有一天，已经造好船的哥哥准备扬帆的时候，弟弟还在讥笑他的愚蠢。

不过，哥哥并不生气，临走前只对弟弟说了一句话："去做每一件事不一定都成功，但不去做则一定没有机会成功！"

大河终究没有干涸，而造船的哥哥经过一番风浪也最终到达了彼岸。后来两人在河的两岸定居了下来，也都有了自己的子孙后代。河的一边叫幸福和快乐的沃土，生活着一群积极进取的人；河的另一边叫失败和失落的原地，生活着一群消极空虚的人。

由此可见，积极和消极两种截然相反的心态会带给人们多大的反差。

在生活中，我们经常看到有些人表情沮丧、精神萎靡，他们似乎想告诉人们，他们是多么消极。一般来说，具有消极心态的人会有各种状态的沮丧表现，轻者食欲下降，出现失眠、嗜睡、懒动，或觉得自己比平时更敏感、更爱哭等；重者自我意识消极，时常自怨自艾，或心境悲哀、待人冷漠。

消极是由沮丧的情绪感受或对生活的不满意，或是经常遭受挫折引起的，它如同感冒一样会影响生活的乐趣。对其放任不管，会使情绪进一步恶化，还极有可能转化为慢性抑郁症。

有这样一种说法，人的躯体好比一辆汽车，思想态度便是这辆汽车的驾驶员，如果你整天无所事事、空虚无聊、没有理想、没有追求，那么你就根本不知道驾驶的方向，这辆车也就必定会出故障，甚至报废。

很多心理专家都这样告诫人们，精神和内心的空虚对身心健康无益。空虚就像一只无形的手，无情地控制着你，吞噬了你所有欢乐的元素，反刍给你所有的孤独和寂寞。它消磨你的意志，打击你的信心，使你失去尊严，它给了你更多的时间和机会去咀嚼失败的滋味。

当一个人空虚到一定程度时，精神世界就会一片空白，没有信念，没有寄托，百般无聊，严重的如同行尸走肉，一个人空虚的极致莫过于此。

空虚虽然可怕，但它并非不能被打倒。大量事实表明，空虚并不是什么大不了的心理疾病，它只是一种阶段性的心理异常，只要认真调适，便能把这个阶段"填满"。

怎样填满空虚？我们可以参照下面的方法：

1. 树立一个积极向上的目标

空虚的原因不外乎两种：胸无大志和目标不切实际。因此，摆脱空虚必须根据自己的实际情况，树立一个积极向上的目标，从而激发自己的潜力，来充实生活内容。

不同的阶段有不同的目标，要排除消极和空虚，最重要的是明确自己的大小目标，然后去一步步地实现，用忙碌与充实来战胜空虚与落寞。

要有目标，就应对自己有正确的认知，因为一个适当的目标既具有成功的极大可能性，可以让自己感受到奋斗中的酸甜苦辣，更有目标实现后的欣慰、快乐，亦增加了自信和勇气。反之，目标太低，不仅难以发挥自己的最大才能，亦会因太容易成功而沾沾自喜。

2. 要根据实际调整目标

不是所有的目标都可以一帆风顺地实现，有时我们会遇到很多困难和阻碍，这就需要我们调整目标，甚至转移目标，找到自己新的兴趣点。当一个人有了新的乐趣之后，就会产生新的追求；有了新的追求就会逐渐完成生活内容的调整，并从空虚状态中解脱出来，迎接丰富多彩的新生活。

3. 做个"没事找事"的人

很多人的空虚是太过放松、无所事事所导致，这时就需要他们"没事找事"。世间有做不完的事情，没事可做的时候，不妨找点事情做。

很多人在找事情做的时候，总是害怕自己不能做或做不好，其实这不重要，找到了事情，不妨先做做看，也许你会有意想不到的收获。

空虚就像是罩在我们头上的一层乌云，不论形状多么好看或难看，总有一天它会消散。与其盯着消极的方面，不如锻炼自己的身体，舒展自己的身心，积极向上地为理想而追求。乌云终会消散，我们的心灵也会因为积极的努力而慢慢地充实起来。

全力以赴才有更多机会

在通往成功的道路上，不要寻求偷懒的捷径，而是要尽全力去做你该做的事。

成功者的秘诀，就在于他们愿意去做一些失败者所不愿意做的事。反之亦同，失败者之所以失败，在于他们一直在做成功者所不愿意做的事。

要搞清楚到底什么是该做或不该做的事，首要条件就是必须拥有明确的目标，再就是需要全力以赴。这样，就可以有正确的判断力，看清自己该做的事情。

真正的成功者，看清自己该做的事情后，没有别的选择，他们是会立即行动，全力以赴。如果意识中有任何想拖延的消极思想产生，不妨想想，一个人若不在失败中站起，便会在失败中倒下。

是的，你必须全力以赴，并清楚地知道，你的成功不仅会为自己带来幸福和快乐，还会为你身边的人带来阳光般的喜讯。

那些成功的人总是全力以赴，以生活中最优秀者为目标，而不是像失败者那样脱离现实，想入非非。一个人只要有决心、肯努力、不畏艰难、全力以赴，他一定可以成为成功的人。我们从很多成功者的奋斗史中可以看出时刻全力以赴、努力劳动的伟大价值，他们做任何事情总是要求自己精益求精。做事总是兢兢业业，从不妄想一步登天，因而他们的成功都是必然的。

我们时常可看见那些明明能力、才干都在他人之上的人，却屈居人下，这在很大程度上是因为他们不努力工作，没有全力以赴，最终他们将被淘汰。

在职场中，不热爱自己的工作、不能全力以赴的人，不可能获得上司的青睐和事业上的成功。因为，一个对工作不负责、不尽心尽力的人，是没有任何资本去获得成功的。要想成功，要想把工作做得更好、更出色，你就必须比你的同事付出更多，工作更努力。

有一位老师曾讲起过他的经历："在我多年的教学实践中，我发觉有许多在校时资质平平的学生，他们的成绩大多在中等或中等偏下，没有特殊的天分，有的只是安分守己的诚实性格。这些孩子走上社会参加工作，不爱出风头，默默地奉献。但毕业几年或十几年后，他们却已有了成功的事业，而那些以前看来有美好前程的孩子却一事无成。"

老师常与同事一起琢磨，最后得出一个结论：成功与在校成绩并没有什么必然的联系，但和踏实的性格密切相关。平凡的人比较务实，能够自律，比别人更努力，更能拼命地去做事，所以许多机会落在这种人身上。平凡的人如果加上勤奋的特质，成功之门必会向他大方地敞开。

成功的人永远比他人做得更多，当一般人放弃的时候，他们在努力；当别人享受休闲的乐趣时，他们也在努力；当别人正躺在床上呼呼大睡时，他们还在努力。

飞人迈克尔·乔丹是美国篮坛史上的神话，被称为"篮球之神"。他具备所有成为篮球王的特质和条件，他打任何一场比赛都胜券在握。尽管如此，他仍在参加任何一场赛事之前认真地练习投篮，练习基本动作。他是球队练习最刻苦的人，也是准备工作做得最充分的人。

全力以赴，才能做好准备，抓住机遇。成功大师卡耐基告诉奋斗者们：时刻做好准备并寻找机会；在机会降临时要果断、及时地把握住；当机会握在手中时，要善于充分利用它并去争取成功——这是成功者必备的三种品质，其中做好准备是前提。

机遇不喜欢空等的人，而往往垂青全力以赴的人；全力以赴做好准备，做事就会顺利。

失败者总会对别人的成功持有偏见："人家有好的运气。"他们不采取行动，总是等待着有一天他们会走运，他们把成功看作是降临在"幸运儿"头上的偶然事件。而成功者都是勤奋的人，他们从来都不等待运气的降临，只是忙于解决问题，忙于把事情做好。

比尔·盖茨说："你能够使成功成为你生活中的组成部分，你能够使昨日的理想成为今天的现实。但是，靠愿望和祈祷是不行的，必须动手去做才能让你的理想实现，天下没有免费的午餐。"

机会对每个人来说都是公平的，但它更垂青于全力以赴做好准备的人。因为机会的资源是有限的，给一个没有准备的人是浪费资源，而给一个准备工作做得非常好的人则是在合理利用资源和增加资源。

准备工作做得越充分，成功的可能性就越大，我们常说"养兵千日，用兵一时"，也是这个道理。

第三节　强者心态：扫除成功的障碍

坚强执着的"阿甘精神"

在 1995 年的第 67 届奥斯卡金像奖最佳影片的角逐中，影片《阿甘正传》一举获得了最佳影片、最佳男主角、最佳导演、最佳改编剧本、最佳剪辑和最佳视觉效果等 6 项大奖。在影片中，阿甘是个智商只有 75 的低能儿。在学校里为了躲避别的孩子的欺侮，听从一个朋友的话而开始跑。他一直以跑来躲避别人的捉弄。在中学时，他为了躲避别人而跑进了一所大学的橄榄球场，就这样被破格录取，并成了橄榄球巨星，受到了肯尼迪总统的接见。

大学毕业后，阿甘应征入伍去了越南。在那里，他有了两个朋友：热衷捕虾的布巴和令人敬畏的长官邓·泰勒上尉。

战争结束后，阿甘作为英雄受到了约翰逊总统的接见。在"说到就要做到"这一信条的指引下，阿甘最终闯出了一片属于自己的天空。他结识了许多名人，他告发了水门事件的窃听者，他作为美国乒乓球队的一员到了中国；为中美建交立下了功劳。猫王和约翰·列侬这两位音乐巨星也是通过与他的交往，而创作了许多风靡一时的歌曲。最后，他靠捕虾成了一名企业家。为了纪念死去的布巴，他成立了布巴·甘公司，并把公司一半股份给了布巴的母亲，自己去做一名园丁。他经历了世界风云变幻的各个历史时期，但无论何时，无论何处，无论和谁在一起，他都依然如故，淳朴而善良……

贯穿阿甘一生的是他的"奔跑"，无论在何时何地，都不曾停滞，"奔跑"给他带来了人生的一个又一个辉煌。

强者总是用行动来证明他们的一切，他们的言谈举止都表现了他们的实干精神。他们的语言与行动总是能很好地配合。所以，对那些没有任何行动支持的语言，他们是不喜欢的。他们会直接说："让我们马上去干！行动是最好的语言。"

迎接挑战要付出的代价是很大的，谁都不能否认这点，但是在战胜挑战后的收获同样也是丰厚的。正是因为这样，那些懦弱的半途而废者所付出的代价，要比迎接挑战付出的还多。

"奇迹多是在厄运中出现的。"很多事情在顺利的情况下做不成，而在受挫折后，经过悲痛的"浸染"后，却能做得更完美，更理想。

"压力能使人产生奇异的力量。"人们最出色的工作往往是在逆境下做出的。思想上的压力，甚至肉体上的痛苦，都可能成为精神上的兴奋剂。

压力为人创造了值得思考琢磨的机会，使人能尽快成熟起来。世上成大事的人无不是经过艰苦磨炼的。艰难的环境会使人沉沦，但是在成大事者的眼里，困难终会被克服。这就是所谓的"艰难困苦，玉汝于成"，即经过艰辛的雕琢，玉才可成器。

要想成为强者，需学阿甘不停"奔跑"，用自己的坚强与执着谱写人生一章又一章的辉煌。

无关外在，强者是内心的强大

1952 年，海明威发表了中篇小说《老人与海》：老渔夫桑提亚哥在海上连续 84 天没有捕到鱼。起初，有一个叫曼诺林的男孩跟他一道出海，可是过了 40 天还没有捕到鱼，孩子就被父母安排到另一条船上去了，因为他们认为孩子跟着老头不会交好运。第 85 天，老头儿一大清早就把船划出很远，他出乎意料地钓到了一条比船还大的马林鱼。老头儿和这条鱼周旋了两天，终于叉中了它。但受伤的鱼在海上留下了一道腥踪，引来无数鲨鱼的争抢，老人奋力与鲨鱼搏斗，但回到海港时，马林鱼只剩下一副巨大的骨架，老人也精疲力竭地一头栽倒在地上。孩子来看老头儿，他认为桑提亚哥没有被打败。那天下午，桑提亚哥在茅棚中睡着了，梦中他见到了狮子。

"一个人并不是生来要被打败的，你尽可以把他消灭掉，可就是打不败他。"这是桑提亚哥的生活信念，虽然渔夫已老，但他依然胸怀壮志，这样一个坚强的人，怎么可以说不是强者？

或许，每个人对于"强者"的定义都不同。但无论千种万种结论，强者的本质在于内心，一个内心强大的人，远远强于只徒有外表的懦弱者。

从心理学上来说，强者要具备 4 种关键的品质。

1. 独立性

独立性是指个体倾向于自主地作决定和行动，既不易受外界环境的偶然影响，也不易被周围人所左右。一个强者，首先必须独立，不依赖别人，这样才能成为自己的主宰，让自己能够独立发展存在。

意大利诗人但丁由于反对当时权重势大的教皇统治，被教皇罗织罪名，判处终身放逐。在他逝世前5年，教皇曾宣布，若他当众认罪，就允许他回国。但丁为了不使自己的清白遭受玷污，断然拒绝。他说："一心循着你自己的道路走，让人家随便怎样去说吧！"这句为马克思十分欣赏的名言，显示出一种高度独立的意志特征。

2. 果断性

果断性是指善于在复杂的情境中迅速而有效地作出决定。欲求成功，把握时机很重要，时机瞬间即逝，只有处事果断，才能抓住有利时机。强者不仅要有强劲的韧性，还要有果敢的勇气。

强者不是有勇无谋的武夫，而是智勇双全的勇士，他们能够随机应变，而不优柔寡断，"该出手时就出手"是强者的本色。

3. 坚忍性

人生是一个漫长的过程，实现人生的总目标需要数十年的奋斗。长时间地向着既定目标奋进、拼搏，必须具有坚忍的意志。鲁迅在"风雨如磐"的旧社会，特别强调要坚持"韧性的战斗"。

许多卓有成就的革命家、科学家、文艺家之所以取得成功，除了他们的才能之外，无一例外地都具有坚忍的意志。正是这种坚忍性，使他们数十年如一日地克服种种艰难险阻，百折不挠地向前搏击。强者可以被打败，但不可以被打倒，说的便是这种坚忍性。

4. 自制力

人不但是客观环境的主人，也应是自己的主人。人能根据正确的原则指挥自己、控制自己。自制力典型的范例是英雄邱少云，他为了不在敌人面前暴露目标，强忍烈火烧身的煎熬，一动不动，直至失去生命，这是为了事业，为了全局利益，这是高度发挥了人的自制力的杰出事例。这一事例也证明，一个人高尚而强烈的社会性动机可以在很大程度上制约和克服自己的生理性动机，展示出令人惊叹的意志力量。

自制，让强者时时进行自我规范、自我完善。用强大的自制力规范自我，使得强者比平常人更加优秀。

一夜之间，一场火灾烧毁了美丽的"森林庄园"，刚刚从祖父那里继承了这座庄园的乔治陷入了一筹莫展的境地。

他经受不住打击，闭门不出，茶饭不思，眼睛熬出了血丝。

一个多月过去了，年已古稀的祖母获悉此事，意味深长地对乔治说："小伙子，庄园成了废墟并不可怕，但可怕的是你的眼睛失去光泽，一天一天老去。一双老去的眼睛怎么能看见希望……"

乔治在祖母的说服下，一个人走出了庄园。

乔治漫无目的地闲逛着，在一条街道的拐弯处，他看到一家店铺的门前有人在排队。原来是一些家庭主妇正在排队购买木炭。

那一块块躺在纸箱里的木炭忽然让乔治的眼睛一亮，他看到了一线希望。

在接下来的两个星期里，乔治雇了几名烧炭工，将庄园里烧焦的树木加工成优质的木炭，送到集市上的木炭经销店。

结果，木炭被抢购一空，他因此得了一笔不菲的收入。然后，他用这笔收入购买了一大批新树苗，一个新的庄园初具规模。几年以后，"森林庄园"再度绿意盎然。

从这则故事中我们可以看出，古稀的祖母比年轻的乔治更加坚强。她使乔治用一颗强大的内心抵御外界的灾难，从而获得了新生。

强者——正是我们所追求的目标。我们之所以追随强者的脚步，是因为有了它我们才可能获得一次又一次成功，是因为有了它我们才可能登上生命的巅峰。

我们追求内心的强大，它让我们无畏于征途中的艰难险阻，它让我们在一次次挫折之后仍是不屈不挠，它让我们在承受一次又一次的打击后却仍能为心的向往而努力奋斗。只有在拥有坚忍的品格之后才能具有坚强的心理承受力，而有了坚强的心理承受力之后你便能正视厄运——从厄运中吸取经验教训，争取下一次的成功，而不是在遭受打击之后一蹶不振，永远陷于"厄运"的泥淖中再无翻身之地。

我们追求内心的强大，是因为我们在一些方面仍不能承受过重的压力，是因为我们还不能正确地面对自身的一些问题，是因为我们在受到失败的打击之后仍需旁人的鼓励和鞭策，而不能靠自身的力量去摆脱失败的痛苦。这是我们不想见到的。所以，我们需要追求独立坚忍的品格，追求果断自制的理性，追求那无处不在的坚强的心理承受力。

我们追求内心的强大，是因为我们是处于钢铁和鸡蛋之间的那种人——具有一定的心理承受力，虽不像鸡蛋一般脆弱，但也没有钢铁的坚强。这种人可能在失败后获得成功，也可能在挫折中一败涂地。这是我们不想见到的，所以我们仍需要去追求，追求坚忍，追求坚强。

但是一颗坚强的心并不是说说就能拥有的，它需要我们通过不懈的努力，才能树立起正确的世界观和人生观，从而勇敢面对各种失败和挫折。只有正确地面对失败，才有失败后仍然坚持成功的信念；只有失败后的成功，才能证明你是一个强者，才算拥有坚强的心理承受力。

即使贫穷、潦倒、失败、一无所有，甚至疾病缠身，这种种的厄运围绕在一个人周围，都没有关系，只要他拥有一颗强大的内心，终究会击退厄运之神，以强者之姿傲然挺立。

天助自助者

某人在屋檐下躲雨，看见一个和尚撑伞走过。

这人说："大师，普度一下众生吧，带我一段如何？"

和尚说："我在雨里，你在檐下，而檐下无雨，因此你不需要我度。"

这人立刻跳出檐下，站在雨中："现在我也在雨中了，该度我了吧？"

和尚说："我也在雨中，你也在雨中，我不被雨淋，因为有伞；你被雨淋，因为无伞。所以不是我度自己，而是伞度我，你要被度，不必找我，请自找伞！"说完便走了。

自助而后天助。自己的命运唯有自己去把握，别人是帮不上忙的。

"自立者，天助也"，这是一条人生格言，它早已被无数人的经验所证实。自立的精神是个人发展与进步的真正动力，是国家兴旺强大的真正源泉。

一个在心灵上处于被动奴化状态的人是不可能仅仅靠别人的帮助就能改变自己的命运。

贫穷非但不会变成不幸和痛苦，相反，通过吃苦耐劳、坚忍不拔的自助实干，它也许会转化成为一种幸福；它能唤起人们奋发向上的激情，并为之勇敢地战斗。

露皮塔27岁那年，出现了她一生中的转折点。她去了一趟两个儿子一起上学的学校，校长的话让她的心都碎了。"你这两个儿子反应太迟钝了。"校长对她说。

她自己从小智力就很差，以致不得不退学，到了16岁就出嫁，婚后生了两男一女。如今两个孩子又被列为低能者，这让她难以接受。她决心自己来死啃孩子们的教科书，自己先上学，再教孩子们。

就这样，她上学了，还要兼顾做家务。到第一学年末，她惊奇地意识到，自己的能力并不比别人差。于是，她开始更加勤奋地学习。

1974年，露皮塔被授予文学硕士学位。1977年，她又取得了博士学位，成为颇具声望的美国教育委员会的会员。而她的孩子们也在母亲的鼓励下顺利而且出色地完成了学业。

露皮塔没有因为自身的缺陷而怨恨，而是通过努力，为自己开辟了一条"星光大道"。

自力更生和战胜自我将教会一个人从自身力量的源泉中吸取动力，依靠自己的力量品尝成功的味道。

最穷苦的人也有登上顶峰的时候，在他们走向成功的道路上没有被证明根本不可战胜的困难。

自助是一种智慧和能力，这种智慧和能力潜藏在我们生命之中，只有当我们自信地奋斗、自己救自己时，它们才会聚集起来发挥作用。

第三章

突破自我、成就人生

人最难做到的其实是突破自我，因为受自身所限，许多人只能望别人的成功而兴叹。其实，人只要突破自我，具备归零、务实、共赢、感恩、包容5种心态，也可以成就人生，拥有灿烂的前途和辉煌的未来。

第一节　务实心态：奠定成功的基石

务实，奠定成功的基础

有这样一道题：给你一张报纸，然后重复下面的动作：对折，再对折，不停地循环下去。当你把这张报纸对折了51次的时候，你猜报纸所达到的厚度有多少？一个冰箱？两层楼？你能肯定这是你所能想象的最大厚度吗？但是在计算机的模拟演算下，得到一个惊人的结果，这个厚度接近于地球到太阳之间的距离！

这样简简单单的动作，却制造了一个惊人的结果。为什么看似毫无分别的重复，会出现这样的奇迹呢？换句话说，这种貌似

"意外"的成功，根基何在？

看来，只有务实，一步一步打实成功的基石，就能达到水滴石穿的惊人效果。

"脚踏实地，才能避免漂浮。"这是成功者不断勉励自己的至理名言。

飘而无根，就会随风摇摆；脚踏实地，才可震而不乱。要想成大事就要不断地对自己说这些话，不厌其烦地提醒自己，因为它对你是终身有益的。

务实，奠定你成功的基础，让你从芸芸众生中脱颖而出。只要你能全身心地投入到自己的工作中去。即使你的能力一般，也可以取得令人瞩目的成绩。

如果你想得到老板的青睐、同事的称赞，就要脚踏实地、勤勤恳恳、全神贯注、充满热情地工作。同时，你也向领导表明了你的忠心，使你更贴近领导，并且你的务实心态常常会感染别人，激励他人务实进取。

让领导放心的就是你这份务实的心态，影响领导的也是这份心态。老板不喜欢那种冷漠、粗心大意、懒惰的员工。

人们对待工作的不同态度，产生了不同的结果。我们都知道，一心一意和三心二意的结果有着天壤之别。

"来到这个世界上，做任何事都要全力以赴。"这句引自罗斯金的话说得很有道理。我们来到这个世界，没有贵贱之分，没有高尚和卑微的职业之别，每个人都从事对社会有意义的工作，每个人都可以在属于自己的行业里得到快乐与满足。

一件事情的好坏与否，关键在于你怎样去做。如果散漫对待，即使是称王拜相，也不过沽名钓誉；但若能务实以待、全力以赴，则一个小小的教书匠都可以变成大哲人。

英国哲学家约翰·密尔曾说："生活中有一条颠扑不破的真理，不管是最伟大的道德家还是最普通的老百姓，都要遵循这一准则，无论世事如何变化，也要坚持这一信念。它就是在充分考虑到自己的能力和外部条件的前提下，进行各种尝试，找到最适合自己做的工作，然后集中精力、全力以赴地做下去。"

务实是快乐的源泉。约翰·密尔还曾这样解释过生活的准则："这条准则可以用一个词表达：工作。工作是生活的第一要义；不工作，生命就会变得空虚，就会变得毫无意义，也不会有乐趣。没有人游手好闲却能感受到真正的快乐。对于刚刚跨入社会门槛的年轻人来说，我的建议只是3个词：工作，工作，工作！"

有人这样说过："工作是人类与生俱来的权利，至今仍保存完好，它是最有效的心灵滋补剂，是医治精神疾病的良药。这在自然界就可以得到体现。一潭死水会逐渐变臭，奔流的小溪会更加清澈。如果没有狂风暴雨，没有飓风海啸，地球上就会全部是陆地，空气也会静止不动，这样的世界就毫无生气。在气候宜人、四季温暖如春的地方，人们十分惬意地享受着生活，自然容易无精打采，甚至对生活产生厌倦。但是，如果人们每天要为自己的生计奔波、与大自然做激烈的搏斗，经受各种考验，人们就会精神抖擞，发挥出最强大的力量。"

由此可见，务实对我们的重要意义。务实并不等于原地踏步、停滞不前，它需要的是有韧性而不失目标，时刻在前进，哪怕每一次都只前进很短的、不为人觉察的距离。然而"突然"的成功大都来自于这些前进量微小而又不间断的"脚踏实地"。"不积跬步，无以至千里；不积小流，无以成江海。"我们每天早起一点，就能用这有限的时间多做一些事情；我们每天对待工作认真一点，就会在工作上少一些阻碍，多一些顺利。

因此，今后我们要脚踏实地地生活，脚踏实地地工作，脚踏实地地做人。务实，为我们奠定成功的基础。

认清自我，知道自己能做什么

人生重要的是要认清自我，知道自己能做什么，这样才能够找到最适合自己的位置，找到最适合自己的发展道路——这是对自己的诚实和务实。坐在自己应该坐的位置上，才最心安理得，也最能坐得长久。

美国营销学会曾经评选过有史以来对美国营销界、企业界影响最大的观念——不是大卫·奥格威的品牌理论，不是劳斯·瑞夫斯的 USP 理论，而是赖兹的定位理论。由此可见，一个人能够认清自我，给自己一个准确的定位是多么重要。没有准确的定位，人就不能够从实际出发，正确实践自己的理想。

每个人都能够在社会中找到适合自己的工作，并且把它做好。但并不是每个工作你都能做得最好。你需要寻找一个你最热爱、最擅长，能够做得最好的工作。

认清自我就是知道自己到底要成为一个什么样的人，自己的生命目的是什么，自己的核心价值观是什么；什么工作对自己来说是最好的，什么工作自己才能做得最好。

一个人知道自己能做什么，有清晰的人生定位，就可以坚定自己的信念。可以明确自己的能力所在，可以发挥自己的最大潜能，可以实现自己的最大价值。毕竟，人生有限，我们没有太多的时间浪费在飘摇不定中。

的确有很多人仍处于"雾里看花"的阶段，他们整日为自己的位置而奔波忙碌，或者从一个位置跳到另一个位置，结果不但跳得眼花缭乱，而且伤痕累累。不知道是这个社会不容自己，还是自己不适合这个社会。这样的人埋怨位置太少、伯乐太少，也埋怨竞争力太强而活着太难。其实，你的伯乐就是你自己。

在认清自己的过程中，不可能不考虑到自然、社会环境因素对一个人人生过程的影响。如果他对影响人生的各种因素认识不清，就不可能找到最恰当的位置，不能找准自己的角色。快乐、财富、自我实现、朋友……都没有了，人生还有什么意义？

认清自我本来是人们认识世界、改造世界的基础，也是人们不断完善自我、实现成功的基础，但是那些把事业、理想、成功，以及完善自我等词语挂在嘴边的人，常常缺少对自我的足够认识。他们华而不实，没有务实的精神。正如西班牙作家塞万提斯笔下的堂·吉诃德，他试图承担起拯救世界的重责，但是却连自己到底是谁都不知道，结果他只能在虚幻的世界里与风车战斗，成为别人的笑柄。

一个能够全面认识自己的人不仅要从内在分析自己的能力结构和素质水平，还应该借助外界环境作参照，找出自己的优势和不足，加以完善。

认清自我就要立足于自我，从自己的实际工作出发，随时审视自己周围的环境条件是否发生了变化，实实在在地评价自己、认识自己。能够做到这些的人才算是做到了务实，也只有这样的人才能在不断超越自我和完善自我的过程中实现更大的人生价值。如果一个人自己没有足够的认识，也不肯静下心来认真思考自己所处的环境，而是将失败的原因转嫁于外界因素，那么他就只能在指责与埋怨中抱憾终生。

要认清自我，做自己能做的事，我们首先强调做那些真正适合自己并有利于自身长远发展的事情。所有人都希望自己有一个美好的未来，希望自己的事业能够持续发展，但是很多人却常常背离了自己的愿望，这是因为这些人根本就不知道自己适合做什么，不能量力而行。他们或是觉得自己大材小用，或是抱怨自己生不逢时。

要想真正找到有利于自身长远发展的事情，仍旧需要从实际出发，认清自我：

（1）清楚自己的才干和潜能，即知道自己擅长什么。

（2）应该知道哪种工作能够最大限度地激发自己的工作热情和内在潜能。

（3）知道自己的风险承受能力有多大，这将关系到你日后在工作中能够接受的挑战数量和难度。

（4）了解你对挫折的忍耐力，任何工作都不是一帆风顺的，如果你不能在一定范围内克服困难、抵御逆境，那你日后的事业必定会受到很大的影响。

认清自我，就要立足于实际，发挥务实精神，对自己各方面的条件进行全面权衡之后，你就会知道自己能做什么。

但是，在正确认清自我的过程中，最大的阻力不是来自周围的压力，而是我们自己。任何人都会认为自己才是最了解自己的人，但事实上真的如此吗？不然。

自己的事情似乎自己应该完全了解，然而人们却常常发现自己其实并不了解自己。

每个人都会存在自卑与自负的心理，这让我们过低或过高地评估自己。有的人对于自己的优点视而不见，却总是拿自己的短处去比别人的长处；有的人则是过分忽略自己的缺点，总是自以为是、唯我独尊。

任何人都有优点和缺点，如果能够知道自己的缺点，并加以克服和改正才是最重要的。要改善之前必须能了解自己的缺点，并且坦率地承认自己的缺点。但最重要的是能正确地评估什么是自己的长处和优点，把这些长处和优点找出来，发展它们并活用它们。

有人把对自我的定位比作是鞋，把人生比作是脚，脚穿上鞋的目的是保暖和走路，但主要目的是为了走路。路虽然是脚走出来的，但走什么样的路、走多远的路、走路的姿态、走路的心情都和鞋有关。所以，我们一定要找对自己的"鞋"，要合适才行。

我们生活得好与坏，事业成功与失败，取决于我们在什么样的位置上扮演什么样的角色，什么样的角色决定什么样的价值。我们可以从哲学上的关系来描述它们：位置决定角色，角色体现价值。我们只有在合理、合适的位置上扮演好自己的角色，才能体现出自我的社会价值。

认真规划，知道自己要做什么

在美国，曾经有一个生活在贫民窟的 10 岁小男孩，他身体非常瘦弱，却在日记里写道：立志长大后要做美国总统。但如何才能实现如此宏伟的抱负呢？经过几天几夜的思索，他拟订了这样一系列的连锁目标：

做美国总统首先要做美国州长→要竞选州长必须得到实力雄厚的财团的支持→要获得财团的支持就一定得融入财团→要融入财团最好就是娶一位豪门千金→要娶一位豪门千金必须成为名人→成为名人的快速方法就是做电影明星→做电影明星的前提需要练好身体，练出阳刚之气。

按照这样的规划，他开始一步一步实施他的计划。一日，当他看到著名的体操运动协会主席库尔后，他相信练健美是强身健体的好途径，因而萌生了练健美的想法。他开始刻苦地练习健美，他渴望成为世界上最结实的壮汉。3 年后，凭借着发达的肌肉和雕塑似的体魄，他开始成为健美先生。

短短的几年时光，他包揽了欧洲、世界、奥林匹克的"健美先生"美誉。在 22 岁时，他踏入了美国好莱坞。在好莱坞，他花费了 10 年时间，利用在健美方面的成就，用心塑造坚强不屈、百折不挠的硬汉形象。终于，他在演艺界声名鹊起。当他的电影事业如日中天时，女友的家庭在他们相恋 9 年后，终于接纳了这位"黑脸庄稼人"。他的女友就是赫赫有名的肯尼迪总统的侄女。

2003 年，年逾 57 岁的他退出了影坛，转为从政，并成功地竞选成为美国加州州长。

他就是阿诺德·施瓦辛格。他的经历让人们想起了这样一句话：思想有多远，我们就能走多远。

从穷小子到美国总统，在一般人看来，这是一个多么荒谬的想法。但施瓦辛格却没有被自己的处境吓倒，他认真规划自己的人生，知道自己要怎样做才能将这个"天方夜谭"似的梦想变成现实。

做白日梦的人有很多，有人梦想成为阿尔伯特·爱因斯坦、斯蒂芬·霍金，有人崇拜毛泽东，还有人喜欢成龙、乔丹……每个人都有自己心目中的偶像，并渴望有一天自己能够成为他们的"复制品"。但这种美好的愿望却总是难以实现，这固然有很多的客观原因，如个性、环境、智力等的影响。但这并非主要原因，最关键的是，他们只流于空想，不能为自己认真规划，像一只无头苍蝇茫然无措。

认真规划，为自己设计一份职业生涯蓝图，必须是在充分且正确地认识自身的条件与相关环境的基础上进行。对自我及环境的了解越透彻，越能做好职业生涯规划。因为职业生涯规划的目的不只是帮助你达到和实现个人目标，更重要的也是帮助你真正了解自己。正如社会学家麦克·法兰德所说："职业生涯是指一个人根据理想的长期目标所形成的一系列工作选择，以及相关的教育和训练活动，是有计划的职业发展历程。它也是个人职业与组织、社会关系的总称。为什么要从被动中寻找主动的作用空间，也就是回答我们为什么要进行职业生涯规划的问题。"没有规划的职业生涯最终会失去方向，事倍功半。要得到良好的职业发展，必须事先就有规划，根据外界职业环境、个人素质条件，设计规划自己的职业生涯，明确自己的长期目标是什么，中期的阶梯在哪里，短期的门径是什么。这份设计清楚地告诉我们要做什么。

正确的职业生涯规划是在认清自我、知道自己能做什么的基础上对自己进行认真规划，知道自己要做什么，对影响职业生涯的各种主客观因素进行分析、总结和预测，确定一个人的人生发展目标，选择实现这一目标的职业，编制相应的工作、教育和培训等行动计划，对每一步骤的时间、顺序和方向做出合理的安排。具体来说，个人制订成功的职业生涯规划应遵循下列原则：

1. 长期性

规划一定要从长远来考虑，只有这样才能给人生设定一个大方向，使你集中力量紧紧围绕这个方向做出努力，最终取得成功。

2. 可行性

规划要有事实依据，要根据个人特点、企业发展需要和社会发展需要来制订，不能设立不着边际的梦想。

3. 清晰性

规划一定要清晰、明确，能够把它转化为一个个可以实行的行动，人生各阶段的线路划分与安排一定要具体可行。

4. 适时性

规划是预测未来的行动，确定将来的目标，因此各项事情何时实施、何时完成，都应有时间和顺序上的妥善安排，以作为检查行动的依据。

5. 适应性

规划未来的职业生涯，牵涉到多种可变因素，因此规划应有弹性，以增加其适应性。

6. 挑战性

规划要在可行性的基础上具有一定的挑战性，完成规划要付出一定的努力，成功之后才能有较大的成就感。

7. 持续性

人生的每个发展阶段应能连贯衔接，各具体规划与人生总体规划一致，不能摇摆不定，浪费各发展阶段的人力资本。

付诸行动，莫让梦想成为空谈

有人说，天下最悲哀的一句话就是：我当时真应该那么做却没去做。世上的事情没有绝对完美，如果要等所有条件都完美以后才去做，那只能永远等待下去了。人生短暂，倘若不想成为生命中的过客，那么，与其坐而论道，不如起而躬行。

所以，有了梦想，你就应该立即付诸行动。

梦想是比较模糊的、短暂的，具有强烈的不定性。有些人今天对自己的未来充满着憧憬，但也许一夜之间就忘得一干二净，却对另一种生活开始执着起来。

行动能够帮助你将这种梦想的不定性消除。目标进一步明晰梦想，使你前进的道路变得有序和清晰，每一阶段的任务都一层层展现在你的面前，让你知道如何去行动。

无论是梦想还是目标，都是很容易制订的，难的是付诸行动。梦想和目标都可以坐下来用脑子去想，但实现它们却需要切实的行动，只有行动才能化目标为现实。

许多人都为自己制订了详细的人生目标，从这一点来说他们似乎可以称为谋略家。但是，他们中的大多数人制订了目标之后，便把目标束之高阁，没有投入到实际行动中去，结果到头来仍然是一事无成。

目标已经制订好了，就不能有一丝一毫的犹豫，而要坚决地投入行动。观望、徘徊或者畏缩都会使你延误时机，以致使计划化为泡影。

行动是打开梦想与现实之门的钥匙。枯坐在那儿想打开人生局面，无异于痴人说梦。只有靠自己的双手，行动起来，才会有成功的可能。

中国香港大富豪杨受成被称为"钟表大王"。他的父亲在九龙窝打老道及弥敦道交界处开了个天文台表行。他在为父亲做帮手的过程中，逐渐对做生意产生了浓厚的兴趣。之后，他经常钻研赚钱之道，期望自己有朝一日能成为大富豪。

杨受成的"大富豪"梦想并没有只是流于空想，而是根据自己做帮工的经验摸索出一个规律——游客的消费力最强，与游客做买卖利润最大。

杨受成大胆地行动，与其在店里守株待兔似的做买卖，不如主动走出去寻找顾客。于是，他开始到码头带领一些澳洲游客返回天文台表行买表。首次主动出击寻找游客就获得了成功，这使他鼓起更大的勇气。

杨受成又到机场设法和一些导游取得联系，许予优惠，又采取给介绍客人的酒店司机、裁缝师傅以回扣的办法，这些办法个个奏效，更多的游客找上门来，营业额直线上升。

后来，杨受成干脆跑到日本和当地的旅行社联系，让他们安排游客到表店购物，此举又获得了成功。

主动找顾客，这就是杨受成总结出的经营策略。这一决策包含着他的聪明才智与勤奋努力，也包含着他直面人生、英勇拼搏的精神。主动找顾客，使小小的杨家钟表店赚到了第一个 100 万。杨受成固然有远大的梦想，但更有为实现梦想所付诸的实际行动，这些行动支持着他，让他走向成功。

正如本文前面所说的一句话：与其坐而论道，不如起而躬行。面对人生、面对梦想，怀有务实的心态，付诸实践，才能让你的梦想不成为空谈，更不会是笑谈。

第二节 感恩心态：孕育成功的心灵

感恩，让我们坦然面对人生的坎坷

美国著名潜能开发大师席勒有一句名言："任何苦难与问题的背后都有更大的祝福！"他常常用这句话来激励学员积极思考，由于他时常将这句话挂在嘴边，连他的女儿———一个非常活泼的小姑娘在念小学的时候就可以朗朗地附和他念这句话。

有一次，席勒应邀到外国演讲。就在课程进行当中，他收到一封来自美国的紧急电报：他的女儿发生了一场意外，已经被送往医院进行紧急手术，有可能要截掉小腿！他心慌意乱地结束课程，火速赶回美国。到了医院，他看到的是女儿躺在病床上，一双小腿已经被截掉。

这是他第一次发现自己的口才完全派不上用场了，笨拙得不知如何来安慰这个热爱运动、充满活力的天使。

女儿好像察觉了父亲的心事，告诉他："爸爸，你不是时常说，任何苦难与问题的背后都有更大的祝福吗？不要难过！"他无奈又激动地说："可是，你的脚……"

女儿又说："爸爸放心，脚不行，我还有手可以用呀！"两年后，小女孩升入了中学，并且再度入选垒球队，成为该联盟有史以来最厉害的全垒球王！

"任何苦难与问题的背后都有更大的祝福！"席勒的女儿说出这句话时，是以一种感恩的心态来面对自己的灾难的。

你有权选择自己的生活，你可以敞开胸怀拥抱世界。也许你没有办法改变外在的现实环境，但你可以改变自己的心态。

你可以把自己的人生变成欢乐的喜剧，也可以变成痛苦不堪的悲剧，一切都由自己决定。

有一个女孩常常对父亲抱怨自己遇上的事情总是那么艰难，她不知道该如何应付生活，好像一个问题刚解决，新的问题就又出现了。

一天，父亲把她带到厨房，把水倒进三口锅里，然后用大火煮，不久锅里的水就烧开了。

父亲在第一口锅里放进了胡萝卜，第二口锅里放入鸡蛋，最后一口锅里则放入研磨成粉状的咖啡豆。他小心地将它们放进去用开水煮，但一句话也没说。

女儿见状，一直嘟嘟囔囔，很不耐烦地等着，不明白父亲到底要做什么。

大约20分钟后，父亲把炉火关掉了，他把胡萝卜和鸡蛋分别放在一个碗内，然后把咖啡舀到一个杯子里。

做完这些后，父亲转过身问女儿："亲爱的，你看见什么了？"

"胡萝卜、鸡蛋和咖啡。"她回答。

父亲让她靠近些，让她用手摸摸胡萝卜，她发现胡萝卜变软了。接着，他又让女儿拿着鸡蛋并打破它，然后将壳剥掉，她看到了煮熟的鸡蛋。最后，父亲让她喝一口咖啡。当品尝到香浓的咖啡时，女儿终于笑了。

她怯声问："父亲，这意味着什么？"

父亲回答说："这三样东西都是在煮沸的开水中，但它们的反应却各不相同：胡萝卜入锅之前是强壮结实的，但进入开水后，它就变得柔软了；而鸡蛋本来是易碎的，只有薄薄的外壳保护着，但是一经开水煮熟，它的内部却变硬了；至于粉状咖啡豆则很特别，进入沸水之后，彻底改变了水的特质。"感恩就如这咖啡豆一般，在苦难的煎熬下，散发出香浓的芬芳。

有人说，上帝像精明的生意人，给你一分天才，就搭配几倍于天才的苦难。这话不假。上帝绝不肯把所有的好处都给一个人，给了你美貌，就不肯给你智慧；给了你金钱，就不肯给你健康；给了你天才，就一定要搭配点苦难……当你遇到这些不如意时，不必怨天尤人，更不能自暴自弃，而是用一种感恩的心告诉自己：我们都是被上帝咬过的苹果，只不过上帝特别喜欢我，所以咬的这一口更大罢了。

世上每个人都是被上帝咬过一口的苹果，都是有缺陷的人。只要你相信，自己是"被上帝咬过一口的苹果"，你就能坦然面对人生坎坷，欣然迎接未来的生活。

不要把拥有视为理所当然

静爱吃菠萝，却不会削菠萝。

静和枫谈恋爱时，第一次削菠萝给枫吃。静削菠萝的手法很特别，逆着削，而且削下去许多果肉。枫看了，笑着夺去她手里的菠萝，说等她削好了，他便没的吃了。从此，枫不再让静削菠萝，其实是怕她伤着自己的手。

经历了爱情的长跑后，他们走进了婚姻的殿堂。婚后的生活很甜蜜。静不会做家务，枫几乎包揽了他力所能及的一切。静喜欢写作，业余的大部分时间都用在了爬格子上。每次她写东西时，枫都会放她喜欢听的音乐，然后坐在一边，默默地削一个菠萝。枫的菠萝削得很棒，就像一件雕刻的艺术品。削完之后，他还细心地将菠萝切成小块，插上牙签。静觉得他削的菠萝是世上最好吃的，因为有种特殊的味道。

静的写作一直不太顺，作品大部分石沉大海，少数有回音的也只收到微薄的稿酬。虽然静为此感到气馁，却依然不肯放弃自己手中的笔。

静的境遇一直到遇到吴言才有所改变。吴言是一家出版社的编辑，在一次写作研讨会上，他们相识了。吴言不凡的谈吐给她留下了深刻的印象，而她的美丽大方像一张明媚耀眼的风景片定格在了吴言的眼里。

在吴言的指导下，静迎来了事业的新契机，很快她便成了圈里公认的才女，并受到广泛的关注。不久后，她的第一本书出版了，销量一路看涨，她沉浸在幸福的喜悦中。吴言的博学、才干以及一个成熟男人的魅力，让静的感情出了轨。虽然她知道不会有什么结果，因为吴言是一个有家的人。可是她还是义无反顾地爱上了他，就像当初迷上写作一样。

这份冲动的爱情让静打算作一个决定——与枫离婚。那晚，静坐在电脑旁，一个字也没有写出，几次话到嘴边又咽下，因为她有满腹的心事难以启齿。枫看出了她的犹豫，正在削的菠萝皮忽然自手中断落，他不知是在怎样的心情下听完她离婚的理由，手中的菠萝皮不停地断落、断落，一不留神，刀子扎进了他的手中，血顺着指头流了下来，他心里感到阵阵疼痛。可是，他依然削好菠萝细细地切成小块让她吃。她接过，在咬下第一口的时候眼泪忽然流了出来，原本好吃的菠萝在她的嘴里竟然没有了味道。

爱静的枫为了她而同意了离婚，她在感到轻松的同时，隐隐的疼痛开始在她的心里生长开来，这种隐痛慢慢生长成为心灵的煎熬，让她难以忍受。因为她以为自己是在理智的状况下选择了爱情而放弃这段婚姻，她以为她做到了对感情负责，但令她感到奇怪的是，她并没因这份爱情而感到心灵愉悦。而很多时候却是这样：在不经意的瞬间，她总会想起他，想起他为她削菠萝的样子，心里有一种割裂开来的痛楚。自从她离开枫以后，她再没有吃过菠萝，因为每次拿起菠萝，她便会想起他们的婚姻。

可是，有一天她还是忍不住拿起了菠萝，她学着像他那样连刀不断地去皮，原来是那样难，一不小心就会被菠萝上的硬皮刺到，那是一份怎样的耐心呢？她终于理解了他对她的那份感情，明白了她想要在婚姻中得到的东西是什么，但是她在拥有时没能珍惜，等到回首，却已永远地失去了。

小说中的静，因为忽略了这份"理所当然"的爱，而错失了人生中最大的幸福。

每一份爱的付出都应该得到回报，不论是亲情还是爱情、友情，因为它们是每个人生命中所能感受到的最真挚、最浓烈的爱，无私且神圣。所以，请不要把你所拥有的幸福视为理所当然，而应该理解、重视，并对这份爱充满感恩之心。

在这些感情中，最容易被忽视的往往是亲情，父母养育子女，子女赡养父母，这是人世间的准则，受道德和法律的约束，更是人与生俱来的天性。然而，所有的父母，他们在为子女付出时从来不会思及道德或法律，这种付出是不需要任何理由和前提的。同时，这种付出也完全超越了道德和法律规定的范围，他们付出的是全部，甚至还有生命。

很多时候，我们对伟大的亲情并无深刻的体会，甚至处在一种无意识状态，认为父母的一切给予都是理所当然的，自己也心安理得地接受。有些孩子往往不在意父母的辛劳，花钱大手大脚，生活中只想到自己的感受，稍有不如意便表现出强烈的不满。据统计，70%的孩子吃父母买给自己的零食时不知礼让父母，只顾自己吃；父母病了，50%的孩子不端水、不递药、不过问，全然不记得自己生病时父母无微不至的照顾；98%的孩子要求父母给自己庆祝生日，但98.2%的孩子不知道哪天是父母的生日；更有甚者，某些高三学生竟让母亲给自己端洗脚水。有时候，也许有必要列出一份清单，记录父母在孩子成长过程中的每一次付出，在这份爱的清单面前，上述那些孩子一定会受到教育和启发。

不要把你所拥有的幸福视为理所当然，那些才是你人生中最大、最现实的幸福。为所有的爱列一份清单，让它们永远不会在我们的生命中消逝。

感恩对手甚至敌人

西方有这样一句谚语："感谢你的敌人吧，是他们使你变得如此坚强。"这句话说得颇有道理，因为朋友会在危难时帮你一把，而敌人却可在危难时成就你。

你应该感谢你的敌人，因为在与敌人的周旋中，你才越来越经得起考验，越来越坚强。

在动物世界中，天敌的存在往往会让一个物种繁盛，而没有天敌的物种则会走向灭亡。

大自然中的这一规律在人类社会也同样存在。有一位在金融界工作的职员，在一家公司做基金研究员时，主管老是看他不顺眼，处处刁难他，而且，当主管邀请办公室的同事下班后到他家吃火锅时，还总是不小心地将他"忘掉"。这位职员给自己打气的方式是，去更高级的地方吃更高级的火锅，比他还享受。主管要给他难堪，谁知他更得意。这位主管分配给他的基金总是冷门商品，让他很难有业绩上的表现，但是他也不生气。现在，这位职员说:"还好他这样对我,否则我现在只能在那里做研究分析。"这位主管的态度逼使他走出另一条路来,现在,他在另一家公司的行销企划部如鱼得水。"很感谢他对我的刁难。"这位职员说。

歌德说:"世间万物无一不是隐喻。你所与之为敌的人就是你的一面镜子,从中可以窥探你自己的胸襟与气魄。"人的胸襟有多大,成就就有多大,争一时不如争千秋,更何况你怎么知道,上帝的安排不是要让你扛起更大的责任呢?

一种动物如果没有对手,就会变得死气沉沉。同样,一个人如果没有对手,那他就会甘于平庸,最终碌碌无为。

有了对手,才会有危机感,才会有竞争力。有了对手,你便不得不发愤图强,不得不革故鼎新,不得不锐意进取。否则,就只有等着被吞并、被替代、被淘汰。

许多人都把对手视为是心腹大患,是眼中钉、肉中刺,恨不得马上除之而后快。其实只要反过来仔细一想便会发现,拥有一个强劲的对手反倒是一种福分、一种造化。

所以在现实生活中,不要埋怨那些令你跑得很累的人,恰恰是他们才能使你跑得更快。好好感谢他们吧!这些仇人也正是你的恩人。

中 篇
好性格

大千世界，芸芸众生，如同世界上没有两片相同的叶子，我们每个人都是孤立的个体。在面对同一件事情时，每个人的反应都不同：同样是遭遇厄运，为什么贝多芬能扼住命运的咽喉，而许多离成功仅有一步之遥的人却在关键时刻选择放弃？太多的为什么让我们不得不联想到性格，正是因为性格的不同而导致了选择的不同、行为的不同，进而导致命运的不同。

第一节　解开性格密码

性格的表现形式

1. 活动凸现出性格

人的心理和活动是有密切联系的。性格在活动中形成，也在活动中表现。因此，应在游戏、学习、劳动和交往等各种具体活动中研究人的性格。

儿童的性格在游戏中会表现出来。例如，让儿童在各种各样的游戏之间选择一个他最喜欢的游戏，从而由这个游戏的类型来判定儿童的性格，例如，有的游戏是需要团队协作的，有的是由个人独立进行的；有的游戏是运动型的，有的则是安静型的。一般来说，愿做运动型游戏的儿童的性格是比较活泼好动的；愿做安静型游戏的儿童的性格是内向的；而愿做个人游戏的儿童表现出其性格孤僻的一面的同时，也表现出其特立独行的一面；喜欢参加团队协作的儿童的性格，既有善于交往的一面，也有依赖他人的一面。

学生的性格则会在学习活动中表现出来，如学习的责任心和坚持性。作业是否认真、细致，上课时的精神状态和表现，也能反映其性格上的特点。

人的性格还会在工作中表现出来，例如，可以从一个人对工作的态度，如何处理工作中的人际关系及如何完成任务等方面观察到他的性格特征。

2. 语言体现出性格

俗话说："言为心声。"我们观察一个人怎样说话，对认识其性格具有重要的意义。如说话的内容、说话真诚与否、言语风格如何等，都可以表现出一个人的性格特点。

一个人表里不一，也可以从其言语中表现出来，如阳奉阴违、说一套做一套，这充分表现出其虚伪的性格特征。

一个正直的人在说话时不仅语气坚定、斩钉截铁，而且用语也非常讲究礼貌、准确，其内容更是由字里行间透出一股正气。

而一个狡诈的人在编造谎言时，语气往往是飘浮不定的，而且用语也给人一种不确定、不可靠的感觉，其内容更是漏洞百出。

当然，语言只是我们判断一个人性格的一方面，因此，为了更好、也更准确地判断一个人，我们必须把言语的不同方面与性格的其他表现联系起来。

3. 外貌表情反映出性格

其实一个人的面部表情、姿势、打扮、衣着等也在某种程度上反映出一个人的性格特点。一个热情开朗的人总是将他的开朗的性格写在笑脸上，而一个阴郁的人则总是一脸的惆怅表情。微笑本身也可以表现出不同的性格特征。托尔斯泰写道："有些人一双眼睛在笑，这是奸诈的人和利己主义者。有些人不用眼睛而是口中发笑，这是软弱、优柔寡断的人，而这两种笑都是不愉快的。"面部表情是多种多样的，会表现出不同的性格特征。

眼睛是心灵的窗口，人的眼睛在面貌的表现上起着重要的作用，它显示了人的性格和气质的某些特征。托尔斯泰就曾把人的眼神分为：狡猾的目光、炯炯有神的目光、明朗的目光、忧郁的目光、冷淡的目光、无情的目光等。

典型的**姿势**，如一个人是放开大步走还是迈着碎步走，是笔直地站着还是斜歪着，双手放在什么地方等，往往也反映出一个人的性格特征。

一个人的服饰也可表现出人的性格。比如，活泼型的姑娘一般喜爱色泽鲜艳、图案活泼多变的服装；温柔文静的姑娘则爱穿素净淡雅、饰物线条简单的服装。

性格的两种基本分类：内向型和外向型

这两种相反的倾向常常同时存在于一个人的性格中。哪一种是优势，则外在表现为哪一种。例如，有的人一向开朗活泼、社交广泛、善于言谈，总是人群中的核心人物，但偶尔在几个人的时候，他会很沉默。我们并不能因为他偶尔的沉默而否定他开朗的性格。

尽管在不同环境里可以表现出性格的不同侧面，但它仍然不会背离一个人的主导性格。

性格是一个人内在特质和外在行动的综合表现，也是一个人区别于其他人的本质特征之所在。

一般来说，性格内向的人能够独立自主，对工作认真负责，能按照自己的想法去做事，不轻易以偏概全，不冲动行事；在与外界交往的过程中，注重事物的内在变化。但也有不足之处，他们对外在环境了解不多，常常掩饰自己，易被他人误会，不喜欢工作被打断。这类人适合做钢琴师、诗人、心理学家。性格外向的人善于利用外在环境资源，乐于与他人交往，个性较开放，属于行动派，易被他人所了解。其不足之处是，不够独立，喜欢变化，比较浮躁。这类人适合做导游、公关。

其实不管是外向型还是内向型，都可以成为一个优秀的人。下面进行一项测试，看你是属于哪一类型的人。

以下是测试你是属于内向型性格还是外向型性格的试题，请根据自己的实际情况作出回答，符合的则在该问题后面的括号内

画 "√"，难以回答的则画 "△"，不符合的则画 "×"。

1. 你与观点不同的人也能友好往来。（　　）

2. 你读书较慢，力求完全看懂。（　　）

3. 你做事较快，但较粗糙。（　　）

4. 你不敢在众人面前发表演说。（　　）

5. 你能够做好领导团体的工作。（　　）

6. 你常会猜疑别人。（　　）

7. 受到表扬后你会工作得更努力。（　　）

8. 你希望过平静、轻松的生活。（　　）

9. 你经常分析自己、研究自己。（　　）

10. 生气时，你总是不加抑制地把怒气发泄出来。（　　）

11. 在人多的时候和其他场合你总力求不引人注意。（　　）

12. 你不喜欢记日记。（　　）

13 你待人总是很小心。（　　）

14. 你是个不拘小节的人。（　　）

15. 你从不考虑自己几年后的事情。（　　）

16. 你常会一个人想入非非。（　　）

17. 你喜欢经常变换工作。（　　）

18. 你常回忆自己过去的生活。（　　）

19. 你喜欢参加集体娱乐活动。（　　）

20. 你总是三思而后行。（　　）

21. 你有话憋不住，总想对人说出来。（　　）

22. 你常有自卑感。（　　）

23. 你不大注意自己的服装是否整洁。（　　）

24. 你很关心别人对你有什么看法。（　　）

25. 和别人在一起时，你的话比别人多。（　　）

26. 你喜欢独自一个人在房内休息。（　　）

27. 你的情绪很容易波动。（　　）

28. 你用金钱时从不精打细算。（　　）

29. 对陌生人你从不轻易相信。（　　）

30. 你几乎从不主动制订学习或工作计划。（　　）

31. 你不善于结交朋友。（　　）

32. 你的意见和观点常会发生变化。（　　）

33. 你很注意交通安全。（　　）

34. 看到房间里杂乱无章，你就静不下心来。（　　）

35. 旁边有说话声或广播声，你就无法静下心来学习。（　　）

36. 你讨厌工作时有人在旁边观看。（　　）

37. 你始终以乐观的态度对待人生。（　　）

38. 你总是独立思考问题。（　　）

39. 你不怕应付麻烦的事情。（　　）

40. 你的口头表达能力还不错。（　　）

41. 你是个沉默寡言的人。（　　）

42. 在一个新的环境里你很快就能熟悉了。（　　）

43. 要你同陌生人打交道，你常感到为难。（　　）

44. 你常会过高地估计自己的能力。（　　）

45. 遭到失败后你总是忘不了。（　　）

46. 你很注意同伴们的工作或学习成绩。（　　）

47. 比起读小说和看电影来，你更喜欢郊游与跳舞。（　　）

48. 买东西时，你常常犹豫不决。（　　）

49. 你喜欢和小动物在一起胜过与人在一起。（　　）

50. 你很容易去原谅别人。（　　）

记分与评分：

题号为奇数的题目（如1，3，5，7……），答案为"√"各计2分，答案为"△"各计1分，答案为"×"各计0分；题号为偶数的题目（如2，4，6，8……），答案为"√"各计0分，答案为"△"各计1分，答案为"×"各计2分。最后把各题分数相加，再查评分表，你就可以了解你的性格属于哪种类型了。

评分：

1. 10～19分，性格内向型。

2. 20～39分，性格偏内向型。

3. 40～59分，性格中间型。

4. 60～79分，性格偏外向型。

5. 80～100分，性格外向型。

一般而言，内向型性格的人通常比较自恋、感情丰富、第六感发达，为人处世多半会先想到自己，用自己的想法解释外界事物。有时因不善与人沟通协调，不愿意对别人让步，其结果会使得他们与众人形成对立，只有少数几个知心的人能够理解他们。

当然，这种类型的人在适应现实社会上会有许多困难，他们多半不喜欢社交，朋友很少，甚至有逃避社会的倾向，对他们而言，外在的人群、社会总是使他们无法接受或感到不安。这种类型的人只能在自己熟悉的环境下才能过得舒服愉快。因此，他们交往的范围非常狭窄，只局限于少数亲近的人。

总体上而言，内向型的性格一般都具有一些共同的特征，例如，重视主体性与自我、在乎自己的习惯与想法、不喜欢追随别人的想法、喜欢自我反省、欠缺果断、经常犹豫不决、需要较多的时间才能适应新环境、经常钻牛角尖地思考、放不开、不习惯与陌生人接触、对周围环境的变化观察敏锐、与人交往时倾向于采取被动的姿态、不容易结交新朋友、交友范围狭窄、亲密的朋友则深交、不希望参加社交活动、只有在很亲近的朋友面前才能放得开。

而所谓"外向"，是指思考总是开放式的，喜欢与人交往。因此，外向型性格的人多半会关心周围的人和事物，并尝试着去掌握环境与事物的变化，是属于掌握外在且比较有行动力的类型。

对于这种类型的人而言，最重视的无非是别人怎么看待自己，以及自己如何表现才符合别人的愿望与期待。

但由于他们全身心只放在别人与外界上，自己内心的想法与需求便被有意无意地忽略或压抑下来，久而久之，这种类型的人甚至不了解自己有什么欲望或心理需求。这让他们往往没有主见，容易随波逐流。因此，这种类型的人比较易受外界条件的制约。

外向型性格的人由于总是把眼睛放在别人身上，因此能迅速注意并了解外界变化，采取相应措施，因此，人与人之间大多能协调，很少发生冲突。不仅如此，他们能关心别人，积极地参与团队与组织活动，而且很容易被别人接受并享受群体生活的成就感。

能够适应别人、参与团队是这类人的特长。但有时太重视与别人的协调，也会有迷失自己的危险。这也正是性格外向型的人需要引起注意的地方。

外向型性格的人特征如下：能随不同场合调整自己的态度与行动方式、能经常保持对周围事物变化的注意、遇到谈得来的人就开诚布公地交往、容易接纳别人、自己一个人独处容易不安、行动快速但思考不深、很容易仓促地作决定、能迅速适应新环境、常未经评估就采取行动、喜欢积极地表达对别人的关怀、与人交往没有棱角、容易接受、社交范围广、朋友众多但容易流于酒肉之交、在众人之中不会感到不安或陌生、喜欢参加社交活动。

人的性格没有好坏、优劣之分，正如外向型性格和内向型性格都各有各的优势和劣势。如，外向型性格的人不断以各种方式充实自己；内向型性格的人则保持自己的能量，有抵御外界要求的倾向。

总体来说，外向型性格的人比内向型性格的人具有较强的优越感；内向型性格的人比外向型性格的人自卑，内心有种被压抑的感觉。但性格有发生改变的可能性，因此对于我们而言，不管我们是内向型性格还是外向型性格，只要我们发挥自身的性格优势，改正和弥补性格劣势，就一定能够打造出完善的性格，从而使我们的人生更加顺利。

SMCP 性格分类

美国心理学家弗洛斯·妮蒂雅将人的性格分为 4 种基本类型：活泼型（S）、完美型（M）、力量型（C）及和平型（P），又为人们进一步了解和认识自身的性格提供了一种科学的方法。

1. 活泼型性格（S）——外向、多言、乐观

活泼型性格的优点很多，具备这种性格的人通常待人热情、性情奔放、豪迈、幽默、真诚，而且能言善辩。同时，他们富于浪漫情怀，天生喜欢乐趣，喜欢和人在一起。他们天生具有表演的天赋，能把所有人的目光像吸铁石一样吸引过来，不管什么场合，他们永远都是人们瞩目的焦点。他们也很情绪化，感情外露；对任何东西都有着强烈的好奇心，这样就使得他们经常略显孩子气，即使年龄偏大也依然童心未泯，但这并不表示他们对工作没有热情。

活泼型性格的人在工作上也有很高的热情，工作态度很主动，好奇的性格特征使得他们在工作上富有创造性，充满干劲儿，同时他们热情的性格又会使他们在工作中与同事和谐相处。他们永远精力充沛、活力四射，总是自告奋勇地去做每一件事情，他们从不吝啬赞扬别人，永远学不会记恨；与人发生不愉快时，他们很快就会主动向别人示好，所以他们容易交上很多朋友。活泼型性格的父母在与孩子相处中更是如鱼得水，他们把自己的孩子看作是自己的朋友，这也让孩子们感到轻松，从而愿意与父母一起分享他们的小秘密。

活泼型性格的人总会用他们的热情和幽默带给我们欢乐；当

我们心力交瘁时，他们会带给我们轻松。活泼型性格的人永远是最受欢迎的人。

但是，活泼型性格的人也有其本身所固有的缺点，他们虽然健谈，但通常总是叽叽喳喳地说个不停。而且，他们在描述一件事情的时候，总是喜欢添油加醋，似乎不说得夸张点就表达不出事情的真相。他们喜欢表现自我、展示自我，容易以自我为中心，往往把自我放在第一位，对自己的故事津津乐道的同时，常常忽视别人的感受。而且这种活泼型性格的人因其活泼好动、没有耐性的本性而养成了记忆力不好的坏毛病。他们对数字毫无概念，所以他们通常都记不住别人的名字。

活泼型性格的人由于性格开朗，喜欢结交朋友，因而他的朋友是很多的。但也正因为如此，活泼型性格的人交朋友大多随兴而至，朋友虽多，但真正称得上知心的朋友却很少。

而且，活泼型性格的人做事情总是很有激情地开始，但往往以没有结束而告终，这是阻碍活泼型性格的人成功的最大敌人。

2. 完美型性格（M）——内向、思考、悲观

完美型性格的人与活泼型性格的人可以说是两个不同的极端。完美型性格的人在情感方面很冷静，他们不会像活泼型的人一样情感外露；相反，他们深思熟虑、善于分析。但这并不是说他们不喜欢与人相处，只是他们对任何事情都有自己的一套标准，而且对任何事都严肃认真；他们要求事情做得有条不紊，喜欢清单、表格、数据，追求准确，有很强的责任心。

完美型性格的人在工作上喜欢预先作详细的计划，一旦开始工作就完全投入，有条理、有目标地完成，善始善终，永远不会中途放弃。而且他们很善用资源、勤俭节约、讲求经济效益，会用最合理的方法解决问题。他们对自己和别人都要求很高，注重生活细节，对生活环境很讲究，十分爱干净，将事情安排得井井有条。

在交友上，完美型性格的人和活泼型性格的人可以说是截然相反。完美型性格的人选择朋友很谨慎，他们的朋友不会很多，但只要是他们的朋友，一般都是十分知心的，可以真诚相对、相互关心。而且他们善于聆听抱怨，积极帮助朋友解决问题。在选择配偶的问题上，他们也追求完美，有着近乎苛刻的标准。完美型性格的父母对孩子有着很高的要求，他们不会像活泼型性格的父母那样把孩子看作自己的朋友，他们希望自己的孩子很出色，因此，他们一般对待孩子都较严厉。

由于完美型性格的人善于分析、勤于思考，并且制订相关的计划时目标明确、善始善终，并且高标准、严要求，因此，从某种角度来说，完美型性格的人是离成功最近的人。这也正如亚里士多德所说："所有天才都有完美型的特点。"

当然，任何性格都不是完美的，完美型的性格也存在自身的不足，由于他们不想让自己太激动，很难让人看出是喜是悲。他们总是显得很阴沉，没有活力，使身边的人也觉得很沉闷。由于他们过分地注重细节，并且非常敏感，在现实生活中，他们极易受到伤害。与此同时他们又具有悲观主义的人生观，对自己和他人及一切事物的要求都非常高，这往往带给他们身边的人巨大的压力，从而使他们对自己也过分苛刻。正因为他们的完美主义倾向，他们总是得不到满足，内心十分痛苦，并且缺乏安全感。

3. 力量型性格（C）——外向、行动、乐观

力量型性格的人天生就具有领导者的气质，在工作上他们总是显得精力充沛，充满自信；他们意志坚决、果断，一旦认准目标就绝不放弃；他们不易气馁，总是信心百倍地将事情继续下去，并且不允许有任何的差错；他们是天生的工作狂，有很强的行动力，设定目标后，就迅速地将全部身心投入工作中。同时，力量型性格的人善于管理，能综观全局，知人善任，合理地委派工作，寻求最实际、最合适的解决问题的方法。

在交友方面，由于这种性格的人总是自信满满，而且特立独行，再加上他们天生的领导才能，所以他们往往不大需要朋友。另外，由于他们自信的本性，他们往往有点自以为是，听不进别人的意见，所以不大容易交上朋友，因为没人能容忍他们自大的秉性。力量型性格的父母在家庭里可以说是个独裁者，他们说一不二，设定目标，督促全家人行动，像一个领导者一样有条不紊地管理着整个家庭的日常事务。

力量型性格的人永远充满动力，他们会充满理想，勇于攀登高不可攀的山峰。这些性格特质往往能使他们在自己所选择的职业中达到顶峰。

力量型性格的人正因为力量太强，所以总想控制别人，这会造成许多人的反感。而且，他们永远高高在上，俯视别人的生活，爱指使别人，认为不用他们的方法看待事物的人都是错误的，别

人若是犯一点点的错误，他们便不能接受。所以他们希望身边的每个人都听他们的指示，受他们的支配。最让人忍受不了的是：他们从来都不主动道歉，即使他们错了，也由于过分自信而拒不道歉，在他们眼中，错误是不可能发生在自己身上的。

4.和平型性格（P）——内向、旁观、悲观

和平型性格的人在情感方面显得很低调，总是一副很平和、镇静、坦然自若的样子，对任何事情都很有耐心，对任何情况都能适应。他们性情善良，总是善于隐藏自己内心的情绪，总能平静地接受命运的安排；他们很细心，做任何事情都很周到，绝对不会让别人受到冷落；他们有着一成不变的生活模式，在工作上他们也喜欢从事自己很熟悉或者很熟练的工作，不会轻易变换工作；由于与他们相处没有任何压力，因此，他们具有很强的亲和力；他们善于调节问题，有一定的行政能力，不是雷厉风行的领导者，但绝对是平和、给人亲切感觉的、可信任的上司。

在交友方面，他们是很好的倾听者，对朋友有爱心，所以他们有很多的朋友。但与活泼型性格的人不同的是，和平型性格的人永远是付出较多的一方，他们喜欢静静地站在一旁给处于劣境中的朋友中肯的建议。这让其他性格的人都愿意找和平型性格的人做朋友。和平型性格的父母可以说绝对是好父母，他们对待孩子不急不躁，很有耐心，他们不容易生气，对于孩子的错误也很宽容。

但是，和平型性格的人最大的缺点是没有主见。他们往往因为害怕对事情负责而拒绝作决定，而且他们对任何事情总是显得

没有魄力和热情，因为他们害怕变化的结果可能会更糟而宁愿保持现状。也正是因为他们一成不变，因此，他们往往缺乏创新，对自己承诺的事也不会特意花时间去做。

他们的性格让他们不愿去伤害别人，因此，他们总是会去做他们并不喜欢的事情，在别人眼里永远是一个"老好人"。但事实上，他也常常违背自己的意愿。

可以说，活泼型、完美型、力量型与和平型这4种性格无好坏优劣之分，各有各的优点和缺点。而且，这4种性格之间相互补充，都能积极发挥各自性格的长处，用别的性格的长处来弥补自身性格的短处则会产生意想不到的良好效果。相信大家都很熟悉我国四大名著之一的《西游记》吧！其中的4个主角——猪八戒、唐僧、孙悟空、沙僧的不同性格演绎出来的不同形象一定给你留下了深刻的印象吧！唐僧师徒4人之所以能历尽千辛万苦取回真经，在很大程度上源于这支取经队伍成员性格的黄金组合，即猪八戒的活泼型＋唐僧的完美型＋孙悟空的力量型＋沙僧的和平型。在这样的组合之中，这4个人物各自发挥自身性格的优势，同时相互之间互补性格的劣势，这便使得整个队伍中的性格劣势在互补的作用下降到最低，而性格优势则在不断的联合下大大加强。这样接近完美性格组合的团队不取得胜利才怪呢！

荣格性格分类

著名心理学家荣格通过对内向型性格、外向型性格及性格的思维、直觉、情感、感觉4种功能进行全面的分析和研究后，将一些特殊的性格表现同心理类型结合起来，最终得出了8种性格，即外向思维型、外向直觉型、外向情感型、外向感觉型、内向思维型、内向直觉型、内向情感型、内向感觉型。

1. 外向思维型

这种类型的人，努力使自己生活在一般社会普遍承认的规范中。这些人不以自己随意地独断作为判断的基础标准，他们的判断具有客观性。他们能出色地把握各种客观的事实和条件，在深思熟虑后作出结论，并使自己的行动理性化。

这种类型的人，不仅对自己，而且在与周围人的关系方面，不论被视为善恶，还是被视为美丑，一切都以被赋予理性的原则作为最高标准。这种类型的人在顺应时代的潮流方面极为敏锐和出色。但是，因为过于跟随潮流，他们也给人一种极其新潮的印象。如果生活态度僵硬化，就会给人一种缺乏自由豁达的感觉。因为这种类型的人大多数位于极端之中。

这种类型的人因为思考功能占优势，所以，属于感情的东西就被压抑，美的活动、兴趣、艺术鉴赏、交朋友等方面被阻碍和排挤。如果感情过于压抑，在无意识中的感情就会反抗，那么也许会产生连本人都不知道缘由的结果。

由于这一类型的人理性很强，由理性来主导行动，而且看待和对待事物较为客观，因此，这一类型的人主要是男性，因为思维作为决定性的功能多数是男性。通常情况下，当思维在女性身上占据优势时，它来源于心灵中直觉的活动占优势地位。

通俗地讲，此类人属于行动型，在社会中容易获得成功。他们头脑灵活，适合从事政治、经济、顾问、医生等工作。但是，他们在行恶的场所也容易犯罪。这种人想尽力摆脱主观对行动的影响。

2. 内向思维型

内向思维型的人与外向思维型的人相同，也追求理念，只是其方向相反，不是向外，而是向内。这种人善于在自己的内心构筑并发展理想的世界。总是富有积极性，不会因麻烦、危险、被视为异端或唯恐伤害别人的感情等理由而停滞不前。

然而，这种人却不善于把其理想付诸现实。很多人的实际能力不太出色，因为他们常常忽视客观存在，而是为理论而理论。其追求理想的方式是主观、固执，不接受他人的意见。

对待周围的人，这种人只是消极地关心，甚至漠不关心。因此，别人感到自己像被讨厌者一样被他拒绝。这种人一般给周围人冷淡、任性和自以为是的印象。因为这种人对来自他人的妨碍感到不安，所以，这种人虽然对周围的人也会表现出礼貌和亲切，但其态度总让人感到生硬。

这种人容易引起周围人的误解，不擅长社交，也不知如何得到对方的好感。与他亲近的人会极其赞赏这种人的亲切态度和丰富的内心世界，但与他疏远的人，却认为这种人冷淡、难以取悦、难以接近及妄自尊大。但这种人并不是骄傲自大，他们只是在同外界现实接触时怯懦、不安、想办法设防。在构筑内心理想方面有勇气，敢于大胆地冒险。不愿自我吹嘘是这种人的美德，因为他们本来就不在意别人对自己的评价。但有时遇到非常理解他们的人，反而立即给予对方过高的评价。

一般来说，内向思维型的人头脑非常聪明，但不是为了成就一番事业，而是为了满足内心的需要，所以在社会上并不会很成功，是典型的孤芳自赏型。德国哲学家康德就属于这一类型。同外向思维的典范——达尔文相比，前者注重主观因素，后者依据的是客观事实。康德把自己限定在对知识的评论上，而达尔文善于对极为丰富的客观现实进行探讨。在内向思维型的人看来，金钱、地位、名利不是最重要的，最重要的是自己内心的问题。这类人在数学、物理等领域能取得很大的成就。从某个角度看，这类人可能成为极富情感的人。

3. 外向情感型

外向情感型的人，女性占绝对多数，她们往往选择任随自己情感的生活方式。其情感比较顺应周围的状况，她们的价值判断也同样顺应周围的状况。例如，随他人对人或事物作出"好"或"坏"的评价，自己一般不作出评价。所以，这种人较随和，在人群中可以形成和谐的气氛。

女性最能清楚地表现这个特点的是在选择结婚对象时。女性在择偶时，不仅看对方的身份、年龄、职业、收入、身高、家庭环境等，还要看其是否符合自己的要求。与其说是自己的喜好，不如说是符合社会标准。而这种类型的人，由于其情感功能占优势，所以思考功能就被压抑。但思考功能并不是不发挥作用。只是，这种人的思考不是为思考而思考，而只是情感的附属品，是为服务于情感才发挥作用的。

如果这种类型的女性过于顺从，就会在情感中丧失富有巨大魅力的个性。不仅如此，她们还会使人感到浅薄、玩弄花招和装模作样。在第三者看来，这种人的主体性完全埋没于感情之中，刚才是这种情感，而一瞬间又变成另一种情感，难免给人见异思迁、反复无常的印象。

荣格认为，外向情感型的人善于判断周围情况，在社会上起主角的作用。不过，由于对外界过于适应，反而对自己不利。他们经历某种分化后最终内心变得十分冷漠。虽然有非常美好的理想，但往往还没计划好就盲目行动，所以后果不堪设想。

4. 内向情感型

这种人的感情发展程度从外部很难窥知。少言寡语，难以接近，遇到粗野的人就立即躲开。因此，在旁人看来，是沉静、彬彬有礼及性情深不可测的人，有时也被认为是忧郁的人。但如果对他人过于回避，就会被人猜测为这个人对他人的幸福和不幸都持事不关己的心态。这种人对初次见面或毫不相关的人，不会表现出热情欢迎的态度，而是采取冷淡或拒绝的态度。总之，他们对外界漠不关心。

这种人也不是没有业余爱好，或没有被令人兴奋的事情和人物所吸引的时候。这种类型的人一般采取善意的中性态度，或根据情况的变化，表现出轻微的优越态度或批判态度，因此，会给人高高在上的印象。如果是女性，即使受到激情的袭扰，她也会冷静地按捺、克制自己的激情。

这种类型的女性，想使自己与对方的感情都停留在平静、均衡的状态，而禁止过于激越的感情。所以，在陷进去之后，她们就"刹车"并开始轻视对方。在这种情况下，只看这种人表面的人，就会轻易地认为这种人冷淡或毫无感情。但是，这种估计有些偏激，这种人只是抑制和不表露感情，而内心却蕴藏着热情。

这种人富有同情心，一旦同情某人就不是表面上的同情，而是极为深切的同情。由于这种同情过于深切，所以就像对待自己的事情一样感到悲哀，他们会毫不虚假地安慰、鼓励对方。但由于他们一般情况下对某些人或事物什么也不表露，所以周围的人，特别是外向型的人认为这种人非常冷淡。但是，有时他们深切的同情会溢于言表，并做出令人惊奇的、崇高的或自我牺牲的献身行为。

荣格通过研究发现：女性中多出现这种明显的内向情感，用"静水则深"来形容这类女性十分贴切。这类女性大多性格文静、沉默寡言、较难接触、难以捉摸；她们往往表现出幼稚可爱或平庸的样子，显得自己毫不出众，看上去显得很忧郁。她们的主观情感掌握了自己生命的支配权，真实的动机被掩盖了，所以她们显得不太真实；她们和谐的举止并不会引人特别注意，但她们富有爱心，经常参与慈善活动；她们与人相处很和睦，容易与他人产生共鸣，但不会去关心他人的感受和幸福，不想用任何方式或态度去打动、影响他人，或让其按照自己的意愿去做。

可以说，内向情感型是这8种性格中最中庸的一个，当出现某类能让人迷失或激起热情的东西时，内向情感型的人往往会采取保持中立的态度，既不肯定也不批评，有时还会用一些优越感的力量给那个导致敏感的因素一些厉害。

5. 外向直觉型

外向直觉型的人，具有把握隐藏在客观事实深处的可能性的能力。他们认为，重要的不是现实，而是可能性。所以，这种人不断地追求可能性，感到日常安定的生活像监狱一样令人窒息。

一旦热心于追求可能，他们就会显示出异常的狂热状态。但是，一旦看到没有再飞跃发展的希望时，就立即冷淡下来，或干脆放弃。例如，对某项事业的计划简单地认为"这个计划将来有希望"，对自己的直观能力很自信，所以他们就勇往直前。从这个意义上讲，他们是冒险家。当他们的事业走上轨道，趋向安定之后，一般人都认为继续从事这个事业更为安全有利，但这种人却已经想转向别的工作了。

由于这种类型的人不尊重周围人的观点、主张和生活习惯，为此，有时被看作不道德、冷酷、鲁莽的人。在企业家、商人中，属于这种类型的人有不少。但是，这种类型的人中女性比男性多。女性的直观活动能力，不是表现在职业方面，而是表现在社交的舞台上。这种女性具有利用一切社交的可能性、去与有势力的人熟知乃至亲密接触的能力。在选择交际或配偶方面，她们能敏捷、迅速地寻找到有前途的男性。但是，如果出现新的其他可能性时，以前所得到的一切，她们就会全都放弃。

直觉者自认为有特殊的道德观，重视直觉的观点，并信服直觉观点的威望，不关心他人的事以及他人的想法，更有甚者对自己的安全状况也毫不关心。由于从不崇拜任何人，因此经常被认为是高傲、冷淡、失德的冒险家。这类人对外界客观事物的关心以及寻找各种可能性，就预示着他对某种职业怀有极大的兴趣，很乐意将自己全身心地投入此项工作中，并将自己的才华运用到每个方面。他能够观察到事物本质和事物的可能性，如果才华横溢，将会在新商机中取得成功。许多企业家、投机者、证券人、商业大亨、文化经纪人、政客等均属这种类型。

但是，由于直觉是低级功能的感觉，而自己反应较迟钝，因此如果平时不注意自身的健康，会导致疲劳过度，易患心脑疾病。所以这类人不要只顾眼前而不为将来着想。

6. 内向直觉型

内向直觉的特殊性质如果处于优势，就会有一种特殊类型的人产生，也就会有神秘莫测的幻想者、预言家或幻想的狂人和艺术家出现。其中艺术家被看成是这种类型中的正常情形，因为这种类型的人有把自身局限于直觉和知觉特性之间的倾向。知觉是直觉者的主要问题，那些具有创造性的艺术家也是如此。

个体与真实之间强烈的疏远是由直觉的强化所导致的，这使得爱幻想的狂人在生活圈子中变成一个像谜一样的人。他如果是一个艺术家，就能在艺术领域创造出许多新奇古怪的作品，这些作品中既有色彩斑斓的，又有琐屑无聊的，还会有可爱的、怪诞的、狂妄的……如果他不是艺术家，将会是一个得不到赏识的天才，一个"走错路"的人，一个聪明的傻子，或是一个"心理"小说中的角色。

这个类型中直观性为一般程度的人，给人不愿意与现实接触、也不努力适应现实的印象。对这种人来说，无论现实怎样都无所谓。事实上，外界的人物、事物及其他一切对这种类型的人都不会是刺激。自己本是社会的一员，但作为社会的一员会给周围的人带来什么影响，他们对这种意识非常淡漠。所以，在外向型的人看来，这种人极度轻视世俗的事物。

一般而言，这种人给人的印象是腼腆、客气、缺乏自信、不知如何是好。与人交往时，则生硬、笨拙和不善表达，所以显得缺乏趣味。可是，这种类型的人，与内向感觉型相同，不少人有丰富的内心世界，蕴藏着用语言难以表达的优秀品质。

7. 外向感觉型

愿意生活在现实之中，却没有支配欲望及反思倾向的人属于外向感觉型的人。他们希望可以经常地拥有感觉，察觉客观事物的存在，还要尽可能地享受感觉。他们具有追求欢乐的能力，注重现实带来的快感，但他们并非不可爱，反而是一种很好的伙伴或对象。他们是生活中的乐天派，视觉和味觉非常灵敏，有时是位颇具审美功底，在设计和厨艺等方面都很出色的人。很多时候，他们会把很重要的事情放在一旁，甚至可以为晚餐是否丰盛这样的问题而绞尽脑汁。

当客观事物带给他们所想要的那种感觉后，他们对那些客观事物就再也没有听下去或看下去的兴趣了。但这些客观事物必须是具体的、实实在在的，或是超越具体性的推测但能增强感觉的。有时感觉的强化并不会使他们自身愉悦，他们也并不在意，因为他们只渴望得到这种单纯的感觉，而不是官能刺激。

然而，与外向思考型不同，这种人不以原则和理念规范自己，也不追求理想。重要的是现实，他们热爱、喜欢现实。因此，他们非常好客，愿意热情招待别人，谈笑风生。约会时，他们不会使对方感到无聊，服装和随身用品都很讲究。但是，如果采取过于拘泥于现实的生活态度，就会给周围人留下爱讲排场、虚荣心强的印象。

一般来说，这种类型的人不把道德放在首位，这绝不是不道德。他们不要被道德之类的东西所束缚的痛苦生活，他们要活得自由奔放。但是如果无意识的反抗增强，在日常生活中，就会带有比道德、宗教更强烈的迷信色彩，或把烦琐的仪式引入生活。除此之外，还有不少人表现出极端固执的生活态度。

8. 内向感觉型

所有内向型的人都有远离外部客观世界的倾向，内向感觉型的人也不例外。他们对外界的一切事物都不在意，不管别人说什么都听不进去，只是沉浸在自己的主观感觉之中，把自己的审美意识当作人生的追求。

他们往往只关注事物的效果及自身的主观感觉，对事物的本身一点儿也不在乎。当今许多年轻人都有这一特点，无论是内向还是外向性格，感觉型的比较多。他们大多自我感觉良好，多数艺术家就属于这一类型。

荣格提出，内向感觉型是一种非理性类型。这种类型的人对偶然发生的事件进行选择时，总是被所发生的事件牵引着走，而不是从理性观点上出发。从外部看，他们无法预测将有哪些事情发生，因此，只有当一种与感觉力量相等的机敏表达出现时，这类人的非理性才会被唤醒。

不善表达是内向型的特征之一，这一特征将被他的非理性挡在身后，然后通过冷静或消极的行为，以及对理性的自我抑制的形式来表达这种非理性。

这类人认为外部的世界与自己丰富多彩的内心世界相差太远，他们有时在内心中构建一个神奇的世界，在那里，人、动物、山河都是半神半魔的样子，尽管他们自己不这么认为，但那些东西已进入他们的脑海，并在他们的判断和行为中被充分表现出来。除了艺术之外，他们感觉没有能使他们施展才能的空间。外人认为他们沉默、安静、自制、随和，其实他们的思想和情感十分贫乏，是个非常单调的人。

当然，内向感觉型的人如果具有出色的表现能力，就会成为主观表现欲极强的艺术家。可是，通常这种类型的人不仅不具备这种表现能力，而且不善于表现。因此，在第三者看来，这种人具有谨慎、被动、平静及理性的自我抑制等特征。

但是，如果仔细观察，就会发现这种人所采取的主观态度令人感到奇异，他们给人一种无视周围的人和事，无视外界的感觉。有时，他们也能接受、理解外部的信息，并反映在自己的行为方式上，但外界的作用并不能到达本人心中。程度更强烈时，其感觉、方法和行动，都脱离现实，体现出一种真正的奇特。而且，这种人并不强迫周围人的理解并承认他的感觉方式，而是满足于自己封闭的世界，满足于平衡而温和地与外部现实世界的接触。

因此，这种人一般对周围的人不会造成伤害，但容易成为他人攻击和支配的牺牲品。由于这种人不太关心他人怎样对自己，所以，即使被不适当地对待，也容易听之任之。即使被别人颐指气使，也会甘心忍受。但有时，他也意外地发挥其反抗性和顽固性，以发泄自己的愤怒。

　　这种类型的人，由于易采取独自生活在幻想世界的生活态度，所以会脱离现实，强行推行自己的要求并开始发挥破坏性威力。一旦达到极端，就与外向感觉类型一样，会具有极端顽固的生活态度。

第二节　认识自己的性格

菲尔测试及性格分析

请凭你的直觉如实地回答下列问题，各题为单选，选择一个最符合你情况的选项。

1. 你什么时候感觉最好（　　）

　　①早晨。

　　②下午及傍晚。

　　③夜里。

2. 你怎样走路（　　）

　　①大步地快走。

　　②小步地快走。

　　③不快，仰着头面对着世界。

　　④不快，低着头。

　　⑤很慢。

3. 与人交流时，你一般会（　　）

　　①手臂交叠地站着。

　　②双手紧握着。

　　③一只手或两手放在臀部。

④碰着或推着与你说话的人。

⑤碰着你的耳朵、摸着你的下巴或用手整理头发。

4. 坐下来时，你习惯于（ ）

①两膝盖并拢。

②两腿交叉。

③两腿伸直。

④一条腿蜷在身下。

5. 你一般怎样笑（ ）

①敞怀大笑。

②笑，但不大声。

③轻声地、咯咯地笑。

④羞怯地微笑。

6. 当你去参加一个活动，你会（ ）

①很大声地入场以引起他人的注意。

②安静地入场，找你认识的人。

③非常安静地入场，尽量保持不被他人注意。

7. 当你正在非常专心地工作时，有人打断你，你会（ ）

①欢迎他。

②感到非常恼怒。

③在以上两大极端之间。

8. 下列颜色中，你最喜欢的一种颜色（ ）

①红或橘色。

②黑色。

③黄或浅蓝色。

④绿色。

⑤深蓝或紫色。

⑥白色。

⑦棕或灰色。

9. 临入睡的前几分钟，你在床上的姿势是（ ）

①仰躺，伸直。

②俯躺，伸直。

③侧躺，微蜷。

④头枕在一侧手臂上。

⑤被子盖过头。

10. 你经常会做的梦是（ ）

①从高处落下。

②与别人打架或挣扎。

③找东西或找人。

④在天上飞或在水里漂浮。

⑤平常不做梦。

⑥梦都是愉快的。

以上各题的分数分配如下：

| 第1题 | ① | 2分 | ② | 4分 | ③ | 6分 | | | | | |
| 第2题 | ① | 6分 | ② | 4分 | ③ | 7分 | ④ | 2分 | ⑤ | 1分 | |

第3题	①	4分	②	2分	③	5分	④	7分	⑤	6分			
第4题	①	4分	②	6分	③	2分	④	1分					
第5题	①	6分	②	4分	③	3分	④	5分					
第6题	①	6分	②	4分	③	2分							
第7题	①	6分	②	2分	③	4分							
第8题	①	6分	②	7分	③	5分	④	4分	⑤	3分	⑥	2分	⑦ 1分
第9题	①	7分	②	6分	③	4分	④	2分	⑤	1分			
第10题	①	4分	②	2分	③	3分	④	5分	⑤	6分	⑥	1分	

将你每小题的得分进行相加，最后得出一个总分数。

1. 低于21分——内向的悲观者

你是一个害羞的、神经质的、优柔寡断的人，你对别人有依赖感，需要人照顾，面对事情你永远没有自己的主见，总期待别人为你作决定；你是一个杞人忧天者，一个永远为不存在的问题自寻烦恼的人，也许有些人认为你令人乏味，但那些深知你的人知道你不是这样的人。

2. 21～30分——缺乏信心的挑剔者

你是一个谨慎的、十分小心的、勤勉刻苦的、很挑剔的人，一个缓慢而稳定、辛勤工作的人。一般而言，你的言行都在大家的意料之中，也就是说，你的性格是一种相对稳定的性格。

3. 31～40分——以牙还牙的自我保护者

你是一个明智、谨慎、注重实效、伶俐、有天赋、有才干且谦虚的人。你在交友方面很谨慎，一旦成为朋友，你将对朋友非常忠诚，同时要求朋友对你也有忠诚的回报。如果一旦这种信任被破坏，你将很难过。

4.41～50分——平衡的中庸者

你是一个有活力、有魅力、讲究实际且永远有趣的人；你亲切、体贴、能谅解人；你是一个永远会给人带来快乐并会帮助别人的人；你经常是群众注意的焦点，但是你不至于因此而昏了头。

5.51～60分——吸引人的冒险家

你具有令人兴奋的、高度活泼的、相当易冲动的个性；你是一个天生的领袖，能在很短的时间内作出决定，虽然你的决定不总是对的。你是一个愿意尝试机会而欣赏冒险的人。因为你能给人带来刺激，周围的人都喜欢跟你在一起。

6.60分以上——傲慢的孤独者

在别人的眼中，你是自负的、以自我为中心的，是个极端有支配欲、统治欲的人。别人可能钦佩你，但同时也会从骨子里讨厌你的自负和高傲。

SMCP 测试及性格分析

请按照相关提示完成下列的测试。

在你认为最适合你的实际情况的项目前做上记录，只能选择一个答案，每个选择为 1 分。

你认为你具备下列哪些优点：

1. ☐ 富于冒险   ☐ 适应力强   ☐ 生动   ☐ 善于分析

2. ☐ 坚持不懈   ☐ 喜好娱乐   ☐ 善于说服   ☐ 平和

3. ☐ 顺服   ☐ 自我牺牲   ☐ 善于社交   ☐ 意志坚定

4. ☐ 体贴   ☐ 自控性   ☐ 竞争性   ☐ 使人认同

5. ☐ 使人振作   ☐ 受尊重   ☐ 含蓄   ☐ 善于应变

6. ☐ 满足   ☐ 敏感   ☐ 自立   ☐ 生机勃勃

7. ☐ 计划者   ☐ 耐性   ☐ 积极   ☐ 推动者

8. ☐ 肯定   ☐ 无拘无束   ☐ 时间性   ☐ 羞涩

9. ☐ 井井有条   ☐ 迁就   ☐ 坦率   ☐ 乐观

10. ☐ 友善   ☐ 忠诚   ☐ 有趣   ☐ 强迫性

11. ☐ 勇敢   ☐ 可爱   ☐ 外交手腕   ☐ 注意细节

12. ☐ 令人高兴   ☐ 贯彻始终   ☐ 文化修养   ☐ 自信

13. ☐ 理想主义   ☐ 独立   ☐ 无攻击性   ☐ 富激励性

14. ☐ 感情外露   ☐ 果断   ☐ 尖刻幽默   ☐ 深沉

15. ☐ 调节者   ☐ 音乐性   ☐ 发起者   ☐ 喜交朋友

16. ☐ 考虑周到   ☐ 执着   ☐ 多言   ☐ 容忍

17. ☐ 聆听者   ☐ 忠心   ☐ 领导者   ☐ 精力充沛

18. ☐ 知足   ☐ 首领   ☐ 制图者   ☐ 惹人喜爱

19. ☐ 完美主义者   ☐ 和气   ☐ 勤劳   ☐ 受欢迎

20. ☐ 跳跃型   ☐ 无畏   ☐ 规范型   ☐ 平衡

你认为你有下列哪些缺点：

21. ☐ 乏味   ☐ 怛怩   ☐ 露骨   ☐ 专横

22. □ 散漫	□ 无同情心	□ 缺乏热情	□ 不宽恕
23. □ 保留	□ 怨恨	□ 逆反	□ 唠叨
24. □ 没耐性	□ 胆小	□ 健忘	□ 率直
25. □ 挑剔	□ 无安全感	□ 优柔寡断	□ 好插嘴
26. □ 不受欢迎	□ 不参与	□ 难预测	□ 缺乏同情心
27. □ 固执	□ 即兴	□ 难以取悦	□ 犹豫不决
28. □ 平淡	□ 悲观	□ 自负	□ 放任
29. □ 易怒	□ 无目标	□ 好争吵	□ 孤芳自赏
30. □ 天真	□ 消极	□ 鲁莽	□ 冷漠
31. □ 担忧	□ 不善交际	□ 工作狂	□ 喜获认同
32. □ 过分敏感	□ 不圆滑老练	□ 胆怯	□ 喋喋不休
33. □ 腼腆	□ 生活紊乱	□ 跋扈	□ 抑郁
34. □ 缺乏毅力	□ 内向	□ 不容忍	□ 无异议
35. □ 杂乱无章	□ 情绪化	□ 喃喃自语	□ 喜操纵
36. □ 缓慢	□ 顽固	□ 好表现	□ 有戒心
37. □ 孤僻	□ 统治欲	□ 懒惰	□ 大嗓门
38. □ 拖延	□ 多疑	□ 易怒	□ 不专注
39. □ 报复型	□ 烦躁	□ 勉强	□ 轻率
40. □ 妥协	□ 好批评	□ 狡猾	□ 善变

优点：

S	C	M	P
活泼型	力量型	完美型	和平型
1. □ 生动	□ 富于冒险	□ 善于分析	□ 适应力强

2. □ 喜好娱乐　　□ 善于说服　　□ 坚持不懈　　□ 平和

3. □ 善于社交　　□ 意志坚定　　□ 自我牺牲　　□ 顺服

4. □ 使人认同　　□ 竞争性　　　□ 体贴　　　　□ 自控性

5. □ 使人振作　　□ 善于应变　　□ 受尊重　　　□ 含蓄

6. □ 生机勃勃　　□ 自立　　　　□ 敏感　　　　□ 满足

7. □ 推动者　　　□ 积极　　　　□ 计划者　　　□ 耐性

8. □ 无拘无束　　□ 肯定　　　　□ 有时间性　　□ 羞涩

9. □ 乐观　　　　□ 坦率　　　　□ 井井有条　　□ 迁就

10. □ 有趣　　　　□ 强迫性　　　□ 忠诚　　　　□ 友善

11. □ 可爱　　　　□ 勇敢　　　　□ 注意细节　　□ 外交手腕

12. □ 令人高兴　　□ 自信　　　　□ 文化修养　　□ 贯彻始终

13. □ 富激励性　　□ 独立　　　　□ 理想主义　　□ 无攻击性

14. □ 感情外露　　□ 果断　　　　□ 深沉　　　　□ 尖刻幽默

15. □ 喜交朋友　　□ 发起者　　　□ 音乐性　　　□ 调节者

16. □ 多言　　　　□ 执着　　　　□ 考虑周到　　□ 容忍

17. □ 精力充沛　　□ 领导者　　　□ 忠心　　　　□ 聆听者

18. □ 惹人喜爱　　□ 首领　　　　□ 制图者　　　□ 知足

19. □ 受欢迎　　　□ 勤劳　　　　□ 完美主义者　□ 和气

20. □ 跳跃型　　　□ 无畏　　　　□ 规范型　　　□ 平衡

缺点：

S	C	M	P
活泼型	力量型	完美型	和平型

21. □ 露骨　　　　□ 专横　　　　□ 忸怩　　　　□ 乏味

22. □ 散漫　　□ 无同情心　　□ 不宽恕　　□ 缺乏热情

23. □ 唠叨　　□ 逆反　　□ 怨恨　　□ 保留

24. □ 健忘　　□ 率直　　□ 没耐性　　□ 胆小

25. □ 好插嘴　　□ 挑剔　　□ 无安全感　　□ 优柔寡断

26. □ 难预测　　□ 缺乏同情心　　□ 不受欢迎　　□ 不参与

27. □ 即兴　　□ 固执　　□ 难于取悦　　□ 犹豫不决

28. □ 放任　　□ 自负　　□ 悲观　　□ 平淡

29. □ 易怒　　□ 好争吵　　□ 孤芳自赏　　□ 无目标

30. □ 天真　　□ 鲁莽　　□ 消极　　□ 冷漠

31. □ 喜获认同　　□ 工作狂　　□ 不善交际　　□ 担忧

32. □ 喋喋不休　　□ 不圆滑老练　　□ 过分敏感　　□ 胆怯

33. □ 生活紊乱　　□ 跋扈　　□ 抑郁　　□ 腼腆

34. □ 缺乏毅力　　□ 不容忍　　□ 内向　　□ 无异议

35. □ 杂乱无章　　□ 喜操纵　　□ 情绪化　　□ 喃喃自语

36. □ 好表现　　□ 顽固　　□ 有戒心　　□ 缓慢

37. □ 大嗓门　　□ 统治欲　　□ 孤僻　　□ 懒惰

38. □ 不专注　　□ 易怒　　□ 多疑　　□ 拖延

39. □ 烦躁　　□ 轻率　　□ 报复型　　□ 勉强

40. □ 善变　　□ 狡猾　　□ 好批评　　□ 妥协

把答案填入计分表中，分别将 4 列中的每一列的分数加起来，然后再把优点、缺点两部分分数加起来，我们就可以知道自己的大概性格类型，同时也知道自己的组合类型。

4 种性格各自所具有的优点

	S	C	M	P
感情	性格活跃，爱说，爱讲故事，聚会中心人物；幽默、能抓住听众，感情外露，热情奔放；好奇，天才演员，天真无邪，喜欢送礼和接受礼物；情绪化，内心诚挚，永远长不大	天生领导人，干劲十足；酷，好变化，定要矫枉过正；意志坚强、果断，无感情，从不泄气；独立自主，自信	深沉，好分析，严肃认真，目的性强；聪明有创造力，有音乐与艺术潜力，懂哲学、会做诗，喜欢美丽；对他人敏感，自我牺牲，理想主义	慢半拍，松松垮垮，悠闲，平和；冷静、耐心，满足现状，安静；有智慧、有同情心，和蔼，情感内向
工作	志愿者，总有新主意；表面轰轰烈烈，有创造力，色彩丰富；全力以赴投入工作，说干就干，鼓励并带领他人一起工作	目标明确，眼光全面，组织力强；解决问题不过夜，行动迅速、果断、坚持到底，好制订计划激励他人；在反对中成长	计划性强，完美主义者，高品位，注意细节；固执，彻底，井井有条，整洁；会算计，能发现问题，并解决问题，善始善终；喜欢制图、列清单	能胜任工作并持之以恒，平和可亲，有管理能力；中庸之道，逃避冲突；在压力下保持冷静，善找捷径
交友	易交朋友，爱别人，被称赞，被忌妒；不吝惜，善道歉，厌乏味，喜好自发活动	无须朋友，为团队工作，会领导，善组织；总能做对，善于处理紧急事项	交友谨慎，愿当绿叶，不愿出面；忠实可靠，善于听抱怨，帮人解决困难，深切关怀他人，易被感动；寻找理想伙伴	好相处，愉快待人，不伤人，最佳听众，爱挖苦人，爱观察人，多朋友，关心他人

	S	C	M	P
感情	唠叨，夸大其词，小题大做；记不住名字，唯恐别人离开；过于兴奋，自我吹嘘，说大话，爱抱怨；天真，不成熟，大嗓门儿，情绪化，易生气，永远长不大	霸道，缺乏耐心，急脾气，鲁莽，喜争辩；不放松，穷追不舍，不会恭维；不喜欢眼泪，缺乏感情，无同情心	总记住负面的东西，情绪低落，喜欢被伤害的感觉；远离这个社会，自我贬低，爱听好话，以自我为中心；过分自我反省，自责，庸人自扰，忧郁症倾向	缺乏热情，害怕，担忧，没主意；不愿负责，固执，自私，有话不说，折中主义
工作	光说不干，忘记职责，不彻底，易失去信心；无组织纪律，杂乱无章，情感决定一切，爱走神儿	无法忍受出错，不分析细节，厌恶日常琐事；较粗鲁，过于直率，爱管人，支使他人，以工作为一切	不能忍受别人的工作干不好；干事犹豫，计划时间太长，愿分析而不愿干活；自我否定，难取悦，期望标准太高，需要别人赞同	目的性不强；缺乏自觉性，难以鼓动，厌强迫；懒惰，马虎，给别人泄气，宁愿在一边儿看着
交友	不愿独处，爱当主角儿，爱受欢迎；寻找信誉，控制谈话内容，好插嘴，不听他人的；健忘，多变，爱找借口，重复故事	利用他人，强迫别人，为别人做主；什么都知道，什么都能干好，过分独立；控制朋友与配偶，不会说"对不起"，有时是对的，但也不招人喜欢	没安全感，退缩，远离他人，爱批评人，感情内向，不喜欢被别人反对，怀疑别人；对立情绪，报复别人，不原谅，矛盾重重，一贯怀疑别人的话	缺乏热情，漠不关心，从不兴奋；爱评判他人，讽刺别人，不愿改变

荣格性格测试及分析

荣格将人的性格分为内向型和外向型两种最为基本的类型，了解自己的性格趋向将有利于完善自身，请你在回答下列问题时认真地加以完成，凭你的第一感觉选择最符合你实际情况的选项。

对下列问题，若认为符合你的情况就画"√"，若不符合就画"×"，若难以判断就画"△"。

1. 你很介意细节吗？ （　）

2. 你能立即下决心吗？ （　）

3. 你能慎重地花时间去做一些实际的事情吗？ （　）

4. 你能事后改变决心吗？ （　）

5. 与思考相比，你更喜欢行动吗？ （　）

6. 你忧郁吗？ （　）

7. 你能从失败中吸取教训吗？ （　）

8. 你无忧无虑吗？ （　）

9. 你寡言少语吗？ （　）

10. 你感情外露吗？ （　）

11. 你经常欢笑吗？ （　）

12. 你情绪经常起伏不定吗？ （　）

13. 你对待事物专心致志吗？ （　）

14. 你有忍耐性吗？ （　）

15. 你喜欢讲理和追根究底吗？ （　）

16. 你议论时易激动吗？ （ ）

17. 你十分谨慎小心吗？ （ ）

18. 你动作麻利吗？ （ ）

19. 你的工作表详尽吗？ （ ）

20. 你喜欢令人注目、抛头露面的工作吗？ （ ）

21. 你对工作有热情吗？ （ ）

22. 你总是异想天开吗？ （ ）

23. 你清高吗？ （ ）

24. 你对身边的物品漠不关心吗？ （ ）

25. 你乱花钱吗？ （ ）

26. 你喜欢发言吗？ （ ）

27. 你挑剔吗？ （ ）

28. 你爱开玩笑吗？ （ ）

29. 你易被教唆吗？ （ ）

30. 你固执倔强吗？ （ ）

31. 你牢骚满腹吗？ （ ）

32. 你很介意他人对你的看法吗？ （ ）

33. 你想得到他人的批评吗？ （ ）

34. 你把自己的事情委托给别人吗？ （ ）

35. 你不愿意被别人指挥、命令吗？ （ ）

36. 你能管理好他人吗？ （ ）

37. 你能直率地听进别人的意见吗？ （ ）

38. 你机灵吗？ （ ）

39. 你会隐瞒什么吗？ （ ）

40. 你能立即同情他人吗？ （ ）

41. 你过于相信他人吗？ （ ）

42. 你难以忘记仇恨吗？ （ ）

43. 你腼腆、害羞吗？ （ ）

44. 你喜欢独处吗？ （ ）

45. 你愿意花精力去交朋友吗？ （ ）

46. 你在众人面前能平静地讲话吗？ （ ）

47. 你经常避开众人的焦点吗？ （ ）

48. 你能轻松爽快地与意见不同的人交往吗？ （ ）

49. 你喜好帮助别人吗？ （ ）

50. 你会毫无吝惜地把东西送给他人吗？ （ ）

	对照栏	转记栏	V标记		对照栏	转记栏	V标记
1	×			26	√		
2	√			27	×		
3	×			28	√		
4	√			29	√		
5	√			30	×		
6	×			31	√		
7	×			32	×		
8	√			33	×		
9	×			34	√		
10	√			35	×		
11	√			36	√		

	对照栏	转记栏	V标记		对照栏	转记栏	V标记
12	√			37	√		
13	×			38	√		
14	×			39	×		
15	×			40	√		
16	×			41	√		
17	×			42	×		
18	√			43	×		
19	×			44	×		
20	√			45	×		
21	√			46	√		
22	×			47	×		
23	×			48	√		
24	√			49	√		
25	√			50	√		

每个问题画好"√""×"或"△"之后，填入上面表格的"转记栏"中，然后与"对照栏"中的"√"或"×"对照。在"V标记栏"中把仅与"对照栏"中的"√"或"×"相同的画上"○"标记。

合计"○"的数量，然后，再合计"△"的数量，用2除"△"的合计数量。把前面的合计数和后面的合计数相加除以25，再乘以100，就得出你的向性指数。

$$向性指数 = \frac{○的合计数 + \frac{1}{2}△的合计数}{25} \times 100$$

判定的方法：

向性指数最高是 200，最低是 0。判定结果大于 100，数字越大越外向；小于 100，数字越小越内向。161 以上是"强外向性"，59 以下是"强内向性"，110~90，既不能说是外向性，也不能说是内向性，可以称之为"两向性"的中间性。

1. 内向思维型性格测验

请回答下列问题，如果有 12 个或 12 个以上问题的答案为"是"，那么你的性格就属于内向思维型。

① 你可以花很长时间去探究表明。

② 你擅长检查细节。

③ 你喜欢讨价还价。

④ 你花钱时小心翼翼。

⑤ 你把每日工作都计划好。

⑥ 你喜欢阅读或思考任何可以引发你兴趣的东西。

⑦ 你期望参与重大决策。

⑧ 有时你可以长时间地阅读，玩智力游戏，或思考、探索生命的本质。

⑨ 小心谨慎地完成一件事，是件有成就感的事。

⑩ 你是一个很准时的人。

⑪ 你喜欢能刺激你思考的对话。

⑫ 你认为学习是为了满足内心的需求。

⑬ 你十分注重工作中的细节。

⑭ 你习惯于遵守规定。

⑮ 你喜欢使你思考、给你新观念的书。

内向思维型性格分析：

性格属于这种类型的人，他们希望理解的是个人的存在。他们部分陷入自我和个人的世界，在极端的情况下，会脱离现实太甚而沦为精神病患者。为随时保护自己，他们往往表现得冷漠无情。他们并不重视他人，他们渴望离群索居。他们并不在乎自己的思想是否为别人所接受，尽管他们的思想可能被极少数的一部分人接受。他们容易变得顽固执拗、刚愎自用、不善于体谅他人，容易变得骄傲自大、敏感易怒、拒人于千里之外。

2. 内向直觉型性格测验

请回答下列问题，如果有 7 个或 7 个以上问题的答案为"是"，那么你的性格就属于内向直觉型。

① 喜欢去说服别人。

② 喜欢探求所有事实后再有逻辑性地作决定。

③ 善于聆听别人的倾诉。

④ 你会不断地思索一个问题，直到找出答案为止。

⑤ 你认为教育是个发展及终身学习的过程。

⑥ 你不喜欢为重大决策负责。

⑦ 能影响别人会使你感到兴奋。

⑧ 朋友经常向你询问解决问题的方法。

⑨ 你必须彻底地了解事情的真相。

内向直觉型性格分析：

性格属于这种类型的人中最典型的代表是艺术家，但也包括梦想家和幻想家。和外向直觉型的人一样，他们也始终在寻找着新的可能性。但他们的全部努力却从来也没有超出过直觉范围，而使自己得到进一步的发展。由于他们的兴趣不能始终停留在一点上，因此，他们总是在不同的兴趣点之间跳来跳去。但不管怎样，他们却拥有可供别人思考、整理并加以发展的绚丽多彩的直觉。

3. 内向情感型性格测验

请回答下列问题，如果有 8 个或 8 个以上问题的答案为"是"，那么你的性格就属于内向情感型。

① 你用运动来强壮你的身体。

② 在自己力所能及的范围内你尽力去帮助别人。

③ 你对社会上有许多人需要帮助感到关注。

④ 你热衷于帮助别人发挥天赋和才能。

⑤ 你喜欢帮助别人找出可以关注其他人的方法。

⑥ 你喜欢户外运动。

⑦ 你经常关心孤独、不友善的人。

⑧ 你常起草一个计划，而由别人完成细节。

⑨ 你对别人的情绪低潮相当敏感。

⑩ 你愿意花时间帮别人解决问题。

内向情感型性格分析：

性格属于这种类型的人多见于女性。她们不像外向情感型的人那样将自己的感情外露，而是把它深藏在内心。她们往往沉默寡言、难以捉摸、态度既随和又冷淡，但也往往给人内心和谐、恬淡宁静、怡然自得的感觉。事实上，她们内心也有某种强烈的情感，这种情感有时会出乎亲人朋友的意料而爆发一场情感风暴。

4. 内向感觉型性格测验

请回答下列问题，如果有 5 个或 5 个以上问题的答案为"是"，那么你的性格就属于内向感觉型。

① 你希望能做些与众不同的事。

② 你有丰富的想象力。

③ 你希望自己的工作能够抒发你的情绪和感觉。

④ 当你从事创造性活动时，你会忘掉一切旧经验。

⑤ 你喜欢利用一切机会来发挥你的创造力。

⑥ 你期望能看到艺术表演、戏剧及好电影。

⑦ 你的心情受音乐、色彩、写作和美丽事物的影响极大。

内向感觉型性格分析：

性格属于这种类型的人，他们远离现实世界而沉浸在自己的主观感觉之中。与自己的内心世界相比，他们觉得外部世界是平淡寡味、了无生趣的。除了艺术之外，没有别的办法来表现自己，然而他们创作的作品又往往没有任何意义。事实上，他们是思想和感情两方面都很贫乏的人。

5.外向思维型性格测验

请回答下列问题，如果有 12 个或 12 个以上问题的答案为"是"，那么你的性格就属于外向思维型。

① 你能自如地应付紧急事件。

② 你喜欢监督事情直至完工。

③ 你不怕失败，会从头再来。

④ 当你答应做一件事时，你会竭尽所能地监督所有细节。

⑤ 如果你和别人产生矛盾，你会不断地尝试化干戈为玉帛。

⑥ 升迁和进步对你是极重要的。

⑦ 你在解决问题前，必须把问题分析彻底。

⑧ 你喜欢独立完成一项任务。

⑨ 你喜欢使用双手做事。

⑩ 你认为要想成功，就必须定高目标。

⑪ 你渴望迈出众人之列，成为同行中的佼佼者。

⑫ 如果你来到一个陌生的环境，你会做好充分的思想准备。

⑬ 你在开始一个计划前会花很多时间去准备。

⑭ 你自信会成功，而且一定成功。

外向思维型性格分析：

性格属于这种类型的人，他们的客观思维上升为支配其生命的激情。典型的例子就是科学家。这些科学家为了尽可能多地认识客观世界，奉献了自己毕生的精力。他们的目标是理解自然现象、发现自然规律、创立理论体系。达尔文和爱因斯坦在外向思维方向上获得了最充分的发展。这种类型的人常倾向于压抑自己天性中情感的一面，因而在别人眼中，他们可能显得缺少鲜明的个性，甚至显得冷漠和傲慢。如果这种压抑过于严重，情感就会被迫采取迂回曲折甚至变态的方式来影响他们的性格。他们很可能变得专制、固执、自负、迷信，不接受任何批评。

6. 外向直觉型性格测验

请回答下列问题，如果有 6 个或 6 个以上问题的答案为"是"，那么你的性格就属于外向直觉型。

① 面对繁重的工作，你能抓住重点。

② 你喜欢直言不讳，不喜欢转弯抹角。

③ 你崇尚好问精神。

④ 你不在乎工作时把手弄脏，只要能完成工作。

⑤ 你喜欢竞争。

⑥ 你经常借着和别人的交谈来解决自己的问题。

⑦ 你愿意与人分享你的忧愁和痛苦。

⑧ 你具有冒险精神，喜欢接受各种各样的挑战。

外向直觉型性格分析：

性格属于这种类型的人多为女性。她们从一种心境跳跃到另一种心境，借以从现实世界中发现新的可能性。由于缺乏思维能力，她们常在没有解决一个问题前就又渴望解决另一个问题。她们忍受不了日常事物的烦琐，她们赖以生存的营养是那些新奇的东西。她们容易把自己的生命虚掷在一连串的直觉上，最终却一事无成。她们有许多的兴趣爱好，但很快就会厌倦并放弃这些爱好。她们通常很难固定地从事某一种工作。

7. 外向情感型性格测验

请回答下列问题，如果有 10 个或 10 个以上问题的答案为"是"，那么你的性格就属于外向情感型。

① 你愿意冒一点危险以求进步。

② 你对别人的困难乐于伸出援助之手。

③ 你一般能体会到某人想要和他人交流的欲望。

④ 你喜欢尝试新事物。

⑤ 你喜欢周围环境简单而实际。

⑥ 你希望能学习所有使你感兴趣的科目。

⑦ 亲密的人际关系对你很重要。

⑧ 你常能借着资讯网络和别人取得联系。

⑨ 你喜欢美丽、不平凡的事物。

⑩ 你选车时，最先注意的是好的引擎。

⑪ 你希望粗重的体力工作不会伤害任何人。

⑫ 你认为和他人的关系丰富了你的生命并使它有意义。

外向情感型性格分析：

性格属于这种类型的人也多为女性。由于她们的情绪随外界的变化而变化，所以往往显得反复无常。外界的任何一点刺激都可能导致她们情绪的变化。由于思维功能受到过分的压抑，所以，外向情感型性格的人的思维能力都是极低的。

8. 外向感觉型性格测验

请回答下列问题，如果有 12 个或 12 个以上问题的答案为"是"，那么你的性格就属于外向感觉型。

① 阅读新书是件令人兴奋的事。

② 你喜欢把东西拆开并修理它们。

③ 你不喜欢穿比较庄重的服装，而喜欢尝试新颜色和新款式。

④ 你喜欢购买小零件做成成品。

⑤ 你经常对大自然的奥秘保持好奇心。

⑥ 你经常保持整洁，喜欢有条不紊。

⑦ 你喜欢重新布置你的环境，使它们与众不同。

⑧ 你做事时必须有清楚的指引。

⑨ 没有美丽事物的生活，对你而言是件很可怕的事。

⑩ 你不愿受传统思想的束缚，而喜欢用新奇的办法解决问题。

⑪ 你觉得大自然的美深深地触动你的灵魂。

⑫ 你需要确切地知道别人对你的要求是什么。

⑬ 你擅长于自己制作、修理东西。

⑭ 你重视美丽的环境，喜欢把自己弄得很整洁。

外向感觉型性格分析：

性格属于这种类型的人，多见于男性，他们热衷于积累与现实世界有关的经验。他们是现实主义者、实用主义者，头脑清醒，但并不对事物过分地追根究底。他们按生活的本来面貌生活，并不将生活强打上自己思想的烙印。但他们也可以是耽于享乐的、追求刺激的。他们的情感一般是浅薄的，全部生活仅仅是为了从生活中获得一切能够获得的感觉。他们是典型的极端者，或者成为纵欲主义者，或者成为浮夸的唯美主义者。

一个人的命运是由他的性格所决定的，因此，良好的性格势必对我们能力的发挥，对我们的事业、爱情及人际关系都会起到积极的正面影响，而良好的性格也可以说本身就是人生的一笔巨大财富。

第一节　别让不良性格毁了你

狭隘性格：中了恶魔的诅咒

狭隘的人，其心胸、气量、见识等都局限在一个狭小范围内，不宽广、不宏大。心胸狭隘的人，他们只听得好而听不得坏，只能接受成功而不能接受失败，稍遇挫折就出现过激行为，导致对自己、对他人造成伤害，给家庭、社会带来损失。

一个人如果在成长过程中受多方面因素影响而形成狭隘心理，就会严重影响他们的生活和交往，成为身心发展的障碍。心胸狭隘的人眼中是容不下一粒沙子的，他们总是喜欢斤斤计较自己的得失，总是拿自己与他人比较。一旦发现别人比自己强，他们就受不了，就会想方设法让他人败下阵来。因此，一个心胸狭隘之人，往往在日常的人际交往中极易与人发生矛盾甚至冲突，具体表现为下列内容。

1. 思想狭隘，认识偏激

有人把思想狭隘、认识偏激比作青蛙的坐井观天，这是十分贴切的。这种人只把自己的见识局限在一个狭小的范围里，眼界不能放开，思路不能展开，只凭以往的（或传统的）心理暗示和经验来观察、分析问题。

具有这种性格的人，一般思想守旧、性格固执、眼界狭窄，缺乏全面的文化修养，看问题片面，只能从主观角度偏激地认识和分析问题，而不能看到问题的另一面。

这种性格导致的后果，如果是普通的人，只是对某些现象品头论足，有点偏见倒也无妨，至多是他自身或家人因他思想狭隘而受到损失；如果是握有一定权力的人，那就将危及他所主管的部门，甚至更大范围，给事业造成难以弥补的损失。可见思想狭隘、认识偏激所造成的危害之严重了。

2. 行为狭隘，交往面窄

狭隘和自私如同"孪生姐妹"。狭隘的人把目光投向自己，他们唯我独尊、固执己见，时时处处都从自己的利益出发，在交往中更是极力排斥异己，其结果落得个门庭冷落。心胸狭隘之人容不得别人比自己强，嫉妒超过自己的人，他们只愿和不如自己的人交往，其结果导致自负心理的增强和交际圈的缩小，随之而来的是孤独、寂寞和空虚的困扰。而孤僻、猜疑等不良心态是造成心胸狭隘的主要因素。

狭隘的性格一旦形成，将对一个人的一生产生非常不利的影响。若一个人的心胸狭隘，容不下他人、接受不了他人，那么，这个人再优秀，也一定难成大器，就算他已小有成就，而终有一天，这些小小的成就也会因为他的狭隘性格而毁于一旦。明朝宰相李善长就是因为性格狭隘而自酿人生悲剧的。

宰相肚里能撑船，确实是至理名言。明朝宰相李善长虽功劳赫赫，荣登宰相宝座，但因其性格狭隘，终落得个被逼自杀，家属70余人被赐死的结局。还是刘基对李善长掐算得好："志大量小，后事难料。"

李善长，字百室，1314年生，凤阳人。李善长出生于衣食无忧的小地主家庭，早年读过一些书，虽不能说精通文墨，但却懂得治乱之道。他为人很有心计，也很能干，在地方上颇有威望。据记载，他从小就有雄心大志，想干一番事业。

早年的他就跟从朱元璋，从朱元璋的幕府记室长开始便尽心尽力、忠谨之至，并最终得到了朱元璋无比的赏识和信任。当然，李善长也确实非常有才能，能文能武，并且屡屡为朱元璋立下汗马功劳。

1368年，朱元璋在南京正式宣布登基，国号大明，李善长主持了整个仪式。至此，李善长由刀笔小吏成为开国功臣，封为开国辅运韩国公，同时赐以铁券，可免死罪两次。在封赏的诰命上，朱元璋对李善长的功劳作了如下评价："东征西讨，目不暇给；尔犯守国，转运粮储，供给器杖，未尝缺乏；剔繁治剧，和辑军民，各靡怨谣。昔汉有萧何，比之于尔，未必过也。"

可见，当时朱元璋对李善长的评价是相当高的。然而，李善长随着职位的升高和权势的增强，其性格中的狭隘性也逐渐体现出来，并最终害人害己。

开国以后，李善长曾任丞相，势力很大，其亲信中书省都事李彬犯有贪污罪，当时由任御史丞的刘基调查这件事，李善长多次从中说情、阻挠，最后，刘基还是奏准了朱元璋，将李彬杀死。李善长怀恨在心，就暗设计谋，令人诬告刘基，自己还亲自弹劾刘基擅权，结果刘基只得回家避祸。参议李饮冰、杨希圣对他有冒犯之处，李善长就罗织罪名割了杨的鼻子和李的胸乳，导致二人一残一死。

这倒还罢了，他培植淮西集团的势力，将一个知县出身的胡惟庸一手提拔为丞相，后来胡惟庸擅权不法，贪污受贿，弄得朝野皆怨，引起了一些正直朝臣的反对。由于朱元璋用法残酷，胡惟庸恐怕被杀，就秘密组织了一场谋反活动，企图把朱元璋骗出宫来杀掉。谋反败露后，胡惟庸一党被株连杀死的有3万多人。李善长既是胡惟庸的故旧，又是他的推荐者，还与他有亲（李善长之弟跟胡惟庸是儿女亲家），本当连坐，朱元璋念他是开国勋臣，便免死贬谪，但后来还是以星相之变须杀大臣为借口赐死了李善长。李善长死时77岁，所有家属70余人，也尽行赐死。

李善长以功始而以罪终，这在中国历史上是极有代表性的，别说朱元璋对开国功臣大加杀戮，就是换一位仁慈的开国皇帝，像李善长那样性格狭隘、居功自傲、擅权自专，也必定是多行不义必自毙。

刚愎性格：众叛亲离终败北

刚愎自用的人往往都把自己看得很重，进而忽略了他人的存在。他们认为：我就是第一，一切以自己为中心。在他们的心目中，个人利益是至高无上的。这些人往往听不进别人的意见，喜欢一意孤行，做事情只顾自己、不顾别人。

刚愎自用型性格与刚毅型性格乍一看上去有着表面的相似性。其实不然，具有刚愎性格的人往往把自己看得很重，在他们的视野内，没有可以与自己相提并论的人，他们中的很多人确实有才华、有能力，但他们不求进步，最终导致失败的结局。恃才傲物是他们的显著特征，他们自视甚高，不愿与别人交流，故步自封，最后难免出现悲剧性的结局。许多刚愎自用型性格的人都是曾有过很大贡献的人，但他们往往认为自己功勋卓著，听不进别人的意见，最终也难逃悲惨的结局。

关羽正是这种性格的典型代表。他一生战功赫赫，对刘备忠心耿耿，始终不渝；智勇盖世，过五关斩六将，屡战屡胜，所向无敌。但这些优点也导致了他刚愎自用的性格特征。"大意失荆州"的故事大家都很熟悉，正是关羽傲慢自大的性格使他忘乎所以、目中无人，才不可避免地导致了他的悲剧命运。

在历史长河中，由于性格上的刚愎自用而最终导致人生的失败，甚至命运的悲惨的人又何止关羽一个呢？提起楚汉相争中的西楚霸王项羽，相信没有人不为他的乌江自刎而深感可惜，而项羽这个人的死却那样的刚愎自用，一句"无颜见江东父老"，将他刚愎的性格在他生命的最后一刻展露无疑。

项羽是刚愎自用的，他的刚愎自用还带着一些优柔寡断。因此，虽然他英勇顽强、所向披靡，堪称英雄，但仍然是匹夫之勇、妇人之仁。他的性格注定了他失败的命运，所以，楚汉相争，在一定意义上是性格之争。

在楚汉相争的初期和中期，刘邦实际上处于十分不利的地位，然而，项羽最终却失败了。项羽的失败在很大的程度上可以说是性格悲剧。

刘邦虽然是个"流氓"，但他的性格中有许多别人无法比拟的优点，这种性格使他善于听信忠言，能够使用人才，为了大事可以不惜一切代价。项羽虽然是个英雄，但是，他的性格中有着致命的弱点，那便是：刚愎自用。而刘邦正是利用了他的刚愎自用的性格弱点战胜了他，并最终夺得了天下。

秦末农民战争中，刘邦和项羽是两支反秦武装的领袖，他们是战友，也是同盟军。

公元前 206 年 10 月，刘邦进据咸阳（今陕西咸阳东北）后，接受张良等人的劝告，与当地的百姓"约法三章"，由此收买了当地百姓的民心。同年12月，项羽在经过巨鹿的浴血苦战消灭秦军主力后，率诸侯兵西抵函谷关。一看关门紧闭，又听说刘邦已定关中，当即大怒，命黥布等人攻破函谷关，大军蜂拥而上，进驻鸿门。

被项羽奉为亚父的范增此时已看出了刘邦的野心，于是劝项羽于次日清晨消灭刘邦的势力。项羽有兵40万，号称百万；刘邦仅有10万，自然无法与项羽抗衡。正在这一紧要关头，项羽的叔父项伯连夜将实情告诉张良。项伯和张良原是好朋友，所以劝张良赶紧脱离刘邦，不要一起送死。张良认为"亡去不义"，反而拉着项伯一起去见沛公。刘邦立刻与项伯结成亲家，并听从项伯的建议，于次日清晨到鸿门向项羽请罪。

次日清晨，刘邦早早赶到鸿门，向项羽请罪，一番话语让项羽顿时犹豫不决，最后只得设宴接待刘邦。

在宴席上，范增好几次用眼神示意项羽攻击刘邦，项羽却毫无反应，范增只好离席找到项庄，对他说："君王为人优柔不决，你进去以剑舞，寻找机会杀掉刘邦，不然，我们都会成为他的俘虏。"项庄于是入席敬酒，并借口："军中无以为乐，请以剑舞。"随即拔剑起舞。项伯心知项庄舞剑，其意在杀刘邦，遂起身对舞，以自己的身体遮挡刘邦。在营外担任警卫的樊哙急闯进来，大声责备项羽说："沛公先入定咸阳，还师霸上，以待大王。大王今日至，听小人之言，与沛公有隙，臣恐天下皆心疑大王也。"一番话，说得项羽无言以对。过了一会儿，刘邦起身如厕，招樊哙出，将车骑随从留下，自己骑马，樊哙等人步行抄小道返回汉营，让张良对付项羽。项羽问刘邦哪里去了，张良回答说："怕将军有意责备，故不辞而别，让我代为献上玉璧。"项羽接受了这一礼物。张良又将玉斗献给范增。范增愤然摔碎玉斗，起身说道："从今往后，我们都成了刘邦的俘虏。"

果然不出范增所料，不久，刘邦便利用项羽刚愎自用、优柔寡断、多疑的性格弱点，对他用反间计，用一系列的计谋让他身边的忠臣良将一个个弃他而去，并最终落得了四面楚歌、乌江自刎的下场。

与刘邦相比，项羽的确具有更多的英雄特征。他勇猛善战、不畏艰难、性格直爽、恩怨分明、爱惜属下、讲究道义，有"力拔山兮气盖世"的美誉，但他的这些性格特征皆被他的刚愎自用抹杀掉了。他没有刘邦的柔韧、冷静、果断和博大，更没有刘邦的雄才大略，所以他中了刘邦的反间计，失去了一个个得力的助手和忠臣。

楚汉相争的这场性格之战就在项羽乌江自刎之时落幕了，但结果是一开始就注定的，项羽就这样因为刚愎自用而未能成为真正的霸王。

孤僻性格：一把关闭心灵的锈锁

在现代社会，交通、通信越来越发达，人们的生活也越来越丰富多彩。但与此同时，也有越来越多的人声称内心孤独。他们也经常参加各种社交活动，甚至不落下任何一场聚会，哪里人多，哪里热闹，他们就把孤独的自我淹没在城市的灯红酒绿之中，但是，他们的内心却依然感到孤独。

是的，孤独并不可怕，可怕的是内心的孤独会让一个人渐渐变得孤僻。

性格孤僻者的主要表现是不愿与人接触，对周围的人常有厌烦、鄙视或戒备的心理。这种人还常常表现出神经质的特点，其特征是做作和神经过敏。他总认为别人瞧不起他，所以凡事都故意漠不关心，做出一副瞧不起人的样子，使自己显得气势凌人一些。其实他们内心很脆弱，很怕被别人刺伤，于是就把自己禁锢起来不与人交往。一旦别人真的不理他时，他又认为自尊心受到了伤害。由于这种人猜疑心极重，办事喜欢独往独来，因而越发与别人格格不入。人际关系不良的结果，使他陷入孤独、寂寞、抑郁之中。长此以往，还容易导致种种身心疾病。

人人都可能有孤独的时候，但并非人人都能够战胜自己的孤独感。

孤独，并不单纯是独自生活，也不意味着就是独来独往。一个人独处，可能并不感到孤独；而置身于大庭广众之下，未必就没有孤独感产生。

那么究竟什么才是真正的孤独呢？心理学家认为，真正的孤独往往产生于没有情感和思想交流。事实上，不管你是已婚或是未婚，也不管你是置身于人群还是独居一室，只要你对周围的一切缺乏了解，和你身边的世界无法沟通，你就会体会到孤独的滋味。

孤僻也属于自我封闭的一种，指将自己与外界隔绝开来，很少甚至没有社交活动，除了必要的工作、学习以外，大部分时间都活在自我的世界里，不与他人沟通。这样的人通常都很孤独，害怕与人交往，朋友也相当少，甚至没有朋友。他们总是活在自己的世界里，由于缺乏沟通和交流，他们总感觉没有人能理解他们，并常常会闷闷不乐，甚至走向抑郁。

因此，可以说，孤独是一种思想上、情感上无法沟通、无倚无傍、无人理解与认同的感觉。一个人若常年被这样一种性格左右，便会产生一种无人理解与认同的孤独感，那么，就算他再有成就，他的一生都算不上幸福。

正如心理学家指出的：这种自闭而不合群的性格，不仅有碍于和谐人际关系的建立，而且还会使人产生对生存的畏缩感，非常不利于身心健康。

伟大的科学家、发明家和企业家诺贝尔以他的诺贝尔奖金而蜚声中外，他一生都在为人类作出自己的贡献。但他是孤独的，他虽有过三次恋爱，但终身未娶。在他辉煌事业的背后却是一颗孤寂的灵魂，这不得不让人为此而深感惋惜。但我们更深入地了解便会发现，诺贝尔不幸的情感生活与他孤僻的性格息息相关。

1833 年 10 月 21 日，诺贝尔出生在瑞典的斯德哥尔摩。9 岁时，他和父母移居俄国。在俄国，他的父亲从事机械工业，发明了地雷，并在克莱米战役中从政府那里获得了很多订单，但是很快就破产了。

1851 年，18 岁的诺贝尔到巴黎研读化学，他在一所实验室工作。在一次晚会上，他邂逅了一位来自自己祖国的女郎。之后，两人相爱了。不幸的是，好景不长，这位女郎因突然患肺结核而去世。与此同时，他在商业领域却很幸运，积蓄了很多钱，而且他还在他的发明中寻找出很多商机，并在 20 多个国家建立了 80 多个公司。

但是，诺贝尔最主要的贡献并不在获得巨大的财富及他的科学发明方面，他总是在发现生活中的价值，从年轻时他就喜欢文学和哲学，或许因为他并没有找到人间的爱——他从未结婚——于是他致力于全人类的爱。

诺贝尔 43 岁时经历了第二次恋爱。他登报招聘一名女秘书兼管家，后来在众多应征者中，诺贝尔选中了 33 岁的懂多种语言的家庭教师贝尔塔，并在工作和生活中爱上了她。但诺贝尔没有想到的是，贝尔塔一直深爱着另外一个男人——奥地利的一名男爵，并最终弃诺贝尔而去。

贝尔塔辞职后不久，诺贝尔到奥地利旅行，遇上了 20 岁的卖花女郎苏菲·海斯。她出生于维也纳中下层家庭，是犹太后裔。苏菲的父亲经济窘困，诺贝尔承诺要帮助苏菲。这样，两人开始了交往。

两人年龄相差 23 岁，阅历和文化程度都相去甚远。诺贝尔对苏菲是有求必应，苏菲开始大量索取金钱，挥金如土。她赊账都记在诺贝尔名下，甚至常常以诺贝尔夫人的名义出现在各种场合。

诺贝尔几度欲娶苏菲为妻，他曾把苏菲介绍给他的朋友和兄弟们，但遭到大家的一致警告，他的母亲也反对。

1883 年至 1889 年，诺贝尔经历了一生中最痛苦的时期。他的哥哥鲁伟去世，母亲随后也离开了人世，苏菲也返回奥地利。诺贝尔迁往意大利。

1896 年 12 月 10 日，诺贝尔在意大利自己的别墅里溘然长逝。不久，这位"孤独的旅人"被送回自己的家乡，安息于斯德哥尔摩诺贝尔家族墓地。

他留下了著名的遗嘱，他把他的财富提供给在物理学、化学、生理学、医学、文学与和平事业等方面作出贡献的人，这些是他永远的理想。

诺贝尔的一生是辉煌的，但同时也是孤独的；他的一生是成功的，也是不幸的。是他孤僻的性格让他与现实中的幸福擦肩而过、失之交臂。

贪婪性格：永远填不满的欲望之沟

一个贪婪的人是永远都不会满足的，他们的欲望就像是一个无底洞一样，是无法填满的。这种无休止的索取，结局是不仅得不到期望的，而且连过去得到的都将失去。

贪婪往往要付出代价。有时候，有些人为了得到他喜欢的东西，殚精竭虑，费尽心机，更有甚者可能会不择手段，以至走向极端。也许他得到了他喜欢的东西，但是在他追逐的过程中，失去的东西也无法计算，他付出的代价是其得到的东西所无法弥补的，也许那代价是沉重的，只是直到最后才会被他发现罢了。更可悲的是，当他发现的时候，一切都太晚了，抑或败局已定，抑或损失、伤害业已造成。

在很多事情上，做到什么程度由我们自己控制。成功的人往往适可而止，而失败的人不是做得太少就是做得太多。要记住：多并不一定带来快乐，太多就一定会招来麻烦。

一生之中，我们每一个人多少都会遇到一些陷阱，而这些陷阱之中，最为可怕的一种是我们亲自挖掘的。因为贪心，我们忽略了自己的弱点，不顾一切去满足我们的欲望。这时，即使危险摆在我们面前，我们也无法去理会、去避让，贪婪遮住了我们的双眼，使我们无法看到危险所在。

贪婪的可怕之处不仅在于摧毁有形的东西，而且能搅乱我们的内心世界。我们的自尊，我们所恪守的原则，都可能在贪婪面前垮掉。

贪婪的人是如沙漠一样的不毛之地，吸收了全部雨水，却不滋生一草一木，不能孕育一个小小的生命。

贪婪者的心里，一心想着的是"拿来"。这个念头往往占据了他的整个内心，而把其他的善念都挤了出去。

对于一个不知足的人来说，天下没有一把椅子是舒服的。贪欲就如同一团熊熊烈火，柴放得越多就烧得越旺，而火烧得越旺，人就越有添柴的冲动。于是，人便奔来奔去、忙里忙外，难有停息的时候。

贪婪的人是无法知道贪婪的后果的，因为贪欲早已迷住了他的心、遮住了他的眼，他不知道自己该在什么时候停下来。他就像一头拉磨的驴，只顾一个劲儿地往前走。

贪得无厌常常使人失去清醒的头脑，为了一点小利而失去很多宝贵的东西，甚至生命。在历史上就有不少人，本来有很辉煌的前程，但他们却因为抑制不住内心的贪婪而身败名裂。清初大将多尔衮就是因贪婪而身败名裂，终究未能登上帝位。

清朝开国初期的皇叔父摄政王多尔衮的性格极为贪婪。可以说，这个"贪"字驱使他一生争权夺势，追名逐利，陷于女色而不能自拔。

多尔衮对于皇权之争是煞费苦心、六亲不认的。他的哥哥皇太极去世后，虽然已拥立其子福临为帝，即顺治，并封皇太极的侧福晋博尔济吉氏为太后，但多尔衮欲篡夺皇位的野心丝毫没有消除。

后来，清兵入关进京，亡国的明朝众臣拜见多尔衮时呼"万岁"，竟然只知新建的清国有个摄政王多尔衮，而不知还有个皇帝福临。当孝庄文太后与顺治帝到北京皇宫时，看到多尔衮无视皇上，独揽大权，结党营私，排除异己的种种迹象，便清醒地意识到朝廷这种险恶的形势时刻在威胁着幼子福临的皇位。

聪明的孝庄文太后为了稳住与抚慰多尔衮那颗贪婪的心，还让其儿子顺治帝封多尔衮为皇叔父摄政王。可是，多尔衮对孝庄文太后母子这一恩赐并不买账。他联合了亲信加封自己为"皇父摄政王"，以使自己的权力和地位提高到极点，与皇帝位于同一台阶，甚至有过之而无不及。

随着权力的剧增，多尔衮贪婪的胃口也日益增大，极尽追名逐利之能事，他把福临登上皇位的功劳据为己有，把各王公在入主中原前后的战功也尽归于己。进北京后，他所用的侍卫、仪仗等待遇均与皇帝一样；所建的王府完全是按照皇帝宫殿的规格，其华丽的程度竟有甚于皇宫。

不仅如此，多尔衮的贪欲成性还表现在疯狂地占有女色上。他的私生活放荡不羁，荒唐至极。他不仅霸占了佳丽无数，而且还打起了异国他乡美女的主意，弄得邻国也鸡犬不宁。

由于多尔衮利欲熏心、贪得无厌，依仗他的权势恣意横行，天人共怒。正所谓利深祸速，他去世不足半月，顺治帝就一反常态地向多尔衮大肆施以夺权之举，将多尔衮的罪状公之于世，并没收了多尔衮的所有财产。

可以说，多尔衮的贪欲之心是超人的，将一切功劳尽归己有，从而以功臣自居，谋篡夺位，争名夺利，贪占女色，无所不贪，而且贪得无厌。事物发展到极端，就会朝相反的方向转化，即所谓"物极必反"。多尔衮之贪婪引起人神共愤，即使他死了也没逃脱被后人刨坟掘墓、鞭尸示众的命运。

第二节　成功必备的优良性格

自信是开启人生成功之门的金钥匙

既然别人无法完全模仿你，也不一定做得来你能做得了的事，试想，他们怎么可能给你更好的意见？他们又怎能取代你的位置，来替你作决定呢？所以，这时你不相信自己，又有谁可以相信？

坚强的自信，常常使一些平常人也能够成就神奇的事业，成就那些天分高、能力强但多虑、胆小、没有自信心的人所不敢尝试的事业。

你的成就大小，往往不会超出你自信心的大小。假如拿破仑没有自信的话，他的军队不会越过阿尔卑斯山。同样，假如你对自己的能力没有足够的自信，你也不能成就伟大的事业。不企求、期待成功而能取得成功是绝不可能的，成功的先决条件就是自信。

自信心是比金钱、权势、家世、亲友等更有用的条件。它是人生可靠的资本，它能使人努力克服困难，排除障碍，去争取胜利。对于事业的成功，它比任何东西都更有效。

假如我们去研究、分析一些有成就的人的奋斗史，就可以看到，他们在起步时，一定有充分信任自己能力的自信心。他们的心情、意志坚定到任何艰难险阻都不足以使他们怀疑、恐惧，他们也就能所向无敌了。

我们应该有"天生我材必有用"的自信，明白自己立于世，必定有不同于别人的个性和特色，如果我们不能充分发挥并表现自己的个性，这对于世界、对于自己都是一个损失。这种意识，一定可以使我们产生坚定的自信并助我们成功。

然而，没有人天生自信，自信心是志向，是经验，是由日积月累的成功哺育而成的。它来自经验和成功，又对成功起着极大的推动作用。

也正因为自信并非天生，所以，自信可以从家庭中逐渐灌输或是自我培养。有些人认为成功者对自己的自信心比较强，其实不见得。没有一个成功者不曾感到过恐惧、忧虑，只是他们在恐惧时都有办法克服恐惧感。大多数成功者有办法提升自己的自信。成功的人知道如何克服恐惧、忧虑，第一个方法就是唤起内心的自信。

成功者也并不是经常都能够击败恐惧与忧虑的，但是重要的是他们能够建立自信。一个阶段成功之后，接着才能想象下一个阶段。随着成功的不断累积，自信就会成为你性格的一部分。

19世纪的英国诗人济慈，幼时父母双亡，一生贫困，备受文艺批评家抨击，他恋爱失败，身染病病，26岁即去世。但济慈一生虽然潦倒不堪，却从来没有向困难屈服过。他在少年时代读到斯宾塞的《仙后》之后，就肯定自己也注定要成为诗人。一次他说："我想，我死后可以跻身于英国诗人之列。"济慈一生致力于这个最伟大的目标，并最终成为一位永垂不朽的诗人。

相信自己能够成功，成功的可能性就会大大增加。如果自己心里认定会失败，就很难获得成功。没有自信，没有目标，你就会俯仰由人，终将默默无闻。

由此可知，自信对于一个人来说是多么重要，而它对于我们人生的作用也是多元而重要的，这主要表现在以下几点。

（1）自信心可以排除干扰，使人在积极肯定的心态下产生力量，这种力量能推动我们去思考、去创造、去行动，从而完成我们的使命，促成我们的成功。

（2）面对物欲横流的世界，面对许多不确定的因素，有自信心的人，能坚守自己的理想、信念而不动摇，从而按自己的心愿，找到通向成功和卓越的道路。

（3）自信心赢得人缘。自信心可以感染别人，一方面激发别人对你的认可，另一方面使更多的人获得信心。这样就容易赢得他人的好感，具有良好的人缘。而人缘好是人生的一大财富。

从古至今，人们出于创造更美好的生活的目的，对人的自信心抱着崇高的期望。自信心的力量是巨大的，是追求成功者的有力武器。信心是成功的秘诀。拿破仑·希尔说："我成功，因为我志在战斗。"

不论一个人的天资如何、能力怎样，他事业上的成就总不会超过其自信所能达到的高度。如果拿破仑在率领军队越过阿尔卑斯山的时候，只是坐着说"我们是很难翻过这座山的"，无疑，拿破仑的军队永远不会越过那座高山。所以，无论做什么事，坚定不移的自信心都是通往成功之门的金钥匙。

自信比金钱、势力、出身、亲友更有力量，是人们从事任何事业的最可靠的资本。自信能排除各种障碍、克服种种困难，能使事业获得完满的成功。有的人最初对自己有一个恰当的估计，自信能够处处胜利，但是一经挫折，他们却又半途而废，这是因为他们自信心不坚定的缘故。所以，树立了自信心，还要使自信心变得坚定，这样即使遇到挫折，也能不屈不挠、向前进取，绝不会因为一时的困难而放弃。

那些成就伟大事业的卓越人物在开始做事之前，总是会具有充分信任自己能力的坚定的自信心，深信所从事之事业必能成功。这样，在做事时他们就能付出全部的精力，排除一切艰难险阻，直达成功的彼岸。

经常在美国NBA联赛中出场的队伍中有支夏洛特黄蜂队，黄蜂队有一位身高仅1.60米的球员，他就是蒂尼·博格斯——NBA最矮的球星。博格斯这么矮，怎么能在巨人如林的篮球场上竞技，并且跻身大名鼎鼎的NBA球星之列呢？这是因为博格斯的自信。

博格斯从小就喜爱篮球，可因长得矮小，伙伴们都瞧不起他。有一天，他很伤心地问妈妈："妈妈，我还能长高吗？"妈妈鼓励他："孩子，你能长高，长得很高很高，会成为人人都知道的大球星。"从此，长高的梦像天上的云一样在他心里飘动着，每时每刻都在闪烁着希望的火花。

"业余球星"的生活即将结束了，博格斯面临着更严峻的考验——1.60米的身高能打好职业赛吗？

蒂尼·博格斯横下一条心，要靠1.60米的身高闯天下。"别人说我矮，反而成了我的动力，我偏要证明矮个子也能做大事情。"在威克·福莱斯特大学和华盛顿子弹队的赛场上，人们看到蒂尼·博格斯简直就是个"地滚虎"，从下方来的球 90% 都被他收走，他是个儿矮，但他可以飞速地低运球过人。

后来，蒂尼·博格斯进入了夏洛特黄蜂队（当时名列 NBA 第三），在他的一份技术分析表上写着：投篮命中率 50%，罚球命中率 90%……

一份杂志专门为他撰文，说他个人技术好，发挥了矮个子重心低的特长，成为一名使对手害怕的断球能手。"夏洛特的成功在于博格斯的矮"，不知是谁喊出了这样的口号，许多人都赞同这一说法，许多广告商也推出了"矮球星"的照片，上面是博格斯淳朴的微笑。

他曾多次被评为该队的最佳球员。

博格斯至今还记得当年他妈妈鼓励他的话，虽然他没有长得很高很高，但可以告慰妈妈的是，他已经成为人人都知道的大明星了。

后来，这位矮球星说，他要写一本传记，主要是想告诉人们："要相信自己，只有相信自己才能成功。"

这个故事告诉我们，名人也不是完美的，他们也不是生来就是自信的，他们也有过不自信的时候。但是，他们的成功在于他们不断地磨炼和提升了自己的自信，因此，只有把自信深深扎根于我们心中，我们才能更好地利用自信。那么，我们应该如何来培养自己的自信呢？

（1）建立自信，首先要了解自己，认识自己，根据自身的条件和现实环境，使自己的长处得到发挥。

（2）不论什么集会，都要鼓足勇气，坐到最前排。

（3）当别人和自己说话时，要正视对方的眼睛，要让对方感觉到你们是平等的，你有信心赢得他的敬重。

（4）通过提高自己走路的速度来改变自己的心情。

（5）养成主动与别人说话的习惯来增强自己的自信心。

（6）经常默读"有志者事竟成"，"积少成多，聚沙成塔"，"黑暗中总有一线光明"等励志的谚语，增强自己的自信心。

（7）经常放声大笑。

宽容的性格是滋补心灵的鸡汤

古希腊神话中有一位大英雄叫海格里斯。一天他走在坎坷不平的山路上，发现脚边有个袋子似的东西很碍脚，海格里斯踩了那东西一脚，谁知那东西不但没有被踩破，反而膨胀起来，加倍地扩大着。海格里斯恼羞成怒，操起一条碗口粗的木棒砸它，那东西竟然长大到把路堵死了。

正在这时，山中走出一位圣人，对海格里斯说："朋友，快别动它，离它远去吧！它叫仇恨袋，你不侵犯它，它便小如当初；你若侵犯它，它就会膨胀起来，挡住你的路，与你敌对到底！"

我们在茫茫人世间，难免会与别人产生误会、摩擦。如果不注意，在我们轻动仇恨之时，仇恨袋便会悄悄成长，最终会堵塞了通往成功之路。所以我们一定要记着在自己的仇恨袋里装满宽容，那样我们就会少一分烦恼，多一分机遇。宽容别人也就是宽容自己。

学会宽容，对于化解矛盾、赢得友谊，保持家庭和睦、婚姻美满，乃至事业的成功都是必要的。因此，在日常生活中，无论对子女、对配偶、对同事、对顾客等都要有一颗宽容的爱心。

哲人说，宽容和忍让的痛苦能换来甜蜜的结果。这话千真万确。古时候有个叫陈嚣的人，与一个叫纪伯的人是邻居。有一天夜里，纪伯偷偷地把陈嚣家的篱笆拔起来，往后挪了挪。这事被陈嚣发现后，心想，你不就是想扩大点地盘吗，我满足你。他等纪伯走后，又把篱笆往后挪了一丈。天亮后，纪伯发现自家的地又宽出了许多，知道是陈嚣在让他，他心中很惭愧，主动找到陈家，把多侵占的地统统还给了陈家。

忍让和宽容说起来简单，可做起来并不容易。因为任何忍让和宽容都是要付出代价的，甚至是痛苦的代价。人的一生中都会碰到个人的利益受到他人有意或无意的侵害的事情。为了培养和锻炼良好的素质，你要勇于接受忍让和宽容的考验，即使感情无法控制时，也要管住自己的大脑，忍一忍，就能抵御急躁和鲁莽，控制冲动的行为。如果能像陈嚣那样再寻找出一条平衡自己心理的理由，说服自己，那就能把忍让的痛苦化解，产生出宽容和大度来。

生活中有许多事当忍则忍，能让则让。忍让和宽容不是怯懦胆小，而是关怀体谅。忍让和宽容是给予，是奉献，是人生的一种智慧，是建立人与人之间良好关系的法宝。一个人经历一次忍让，就会获得一次人生的靓丽；经历一次宽容，就会打开一道爱的大门。

　　宽容是一种艺术，宽容别人不是懦弱，更不是无奈的举措。在短暂的生命中学会宽容别人，能使生活中平添许多快乐，使人生更有意义。当我们在憎恨别人时，心里总是愤愤不平，希望别人遭到不幸、惩罚，却又往往不能如愿，一阵失望、莫名烦躁之后，使我们失去了往日那轻松的心境和欢快的情绪，从而心理失衡。另外，在憎恨别人时，由于疏远别人，只看到别人的短处，言语上贬低别人，行动上敌视别人，结果使人际关系越来越僵，以致树敌为仇。我们"恨死了别人"，这种嫉恨的心理对我们的不良情绪起到了不可低估的作用。

　　而且，今天记恨这个，明天记恨那个，结果朋友越来越少，对立面越来越多，这会严重影响人际关系和社会交往，成为"孤家寡人"。这样一来，不仅负面生活事件越来越多，而且自身的承受能力也越来越差，社会支持则不断减少，以致情绪一落千丈，一蹶不振。可见，憎恨别人，就如同在自己的心灵深处种下了一粒苦种，不断伤害着自己的身心健康，而不是如己所愿地伤害被我们所憎恨的人。所以，在遭到别人伤害、心里憎恨别人时，不妨做一次换位思考，假如你自己处于这种情况，会如何应付？当你熟悉的人伤害了你时，想想他往日在学习或生活中对你的帮助和关怀，以及他对你的一切好处，这样，心中的火气、怨气就会大减，就能以包容的态度谅解别人的过错或消除相互之间的误会，化解矛盾，和好如初。这样，包容的是别人，受益的却是自己。自己就能始终在良好的人际关系中心情舒畅地学习与工作。

无论你一生中碰到如何不顺利的事情，遭遇到如何凄凉的境界，你仍然可以在举止之间显示出你的包容、仁爱，你的一生也将受用无穷。

春秋时期，楚庄王是个既能用人之长又能容人之短的人。

在一次庆功会上，楚庄王的爱姬许姬为客人们倒酒。忽然一阵风吹来，把点燃的蜡烛刮灭了，大厅里一片漆黑。黑暗中有人拉住了许姬飘舞起来的衣袖。聪明的许姬便趁势摘下了那个人的帽缨，接着便大声请求庄王掌灯追查。胸怀大度的庄王认为，这个臣子可能是酒后失态，不足为怪。庄王对许姬说："武将们是一群粗人，发了酒兴，又见了你这样的美人，谁能不动心？如果查出来治罪，那就没趣了。"他立即宣布，此事不必追查。还让在座的人都在黑暗中取下帽缨，并为这次宴会取名为"摘缨会"。

后来，吴国攻打楚国。有个叫唐狡的将军作战英勇，屡立战功。事后，他找到庄王，当面认罪说："臣乃先殿上绝缨者也！"

由于楚庄王胸襟开阔，宽厚容人，对下属不求全责备，于是才保住了人才，调动了他们最大的积极性。

其实，学着去宽容地对待别人和自己并没有我们想象中的那么难，在我们生活中的一些细节之处能做到以下几点就很不错了：

1. 得理且饶人

不要抓住他人的错误或缺点不放，得饶人处且饶人，这样不仅会减少矛盾，也会提升自己的善良品质，进而会形成一种良好的社会风气。这种与人为善、悲悯众生的品德，正是人类生存所需要的美德。有缺陷，有急难，甚至有罪的芸芸众生，谁没有一两处需要别人帮助呢？从根本上说，谁又有资格装出老天的样子来审判和惩罚他人呢？谁没有偶尔疏忽或急中出错，需要别人宽恕的时候呢？如果我们拘泥于这种低层次的偏执，不仅会使他人尴尬难堪，悲从中生，也会让自己无端生仇。而且在人与人之间的这种相互计较中，社会阴暗面上升了。从某种意义上来说，向善大于任何对错是非和人间法律。记住这些话，不为难人，得饶人处且饶人。不仅对一般人，也包括那些与我们结有仇怨，甚至是怀有深仇大恨的人。做人要给他人善缘，对他人宽容。

2. 爱我们的敌人

"爱我们的敌人"是一个颠扑不破的真理。在这个世界上，充满包容的心灵里是不会有任何敌人的。爱我们的敌人，这一处世之道包含了真知灼见，因为如果憎恨我们的敌人，只会使正在燃烧的怒火火上浇油，而宽容则能熄灭我们的仇恨之火。

在我们身上有这样一种规则：用善意来回应善意，用凶残来回应凶残。即使是动物也会对我们的各种思想做出相应的反应。一个驯兽员通过亲切友好的善意，用一根细绳便能指挥一头野兽，但如果靠暴力，也许十个人都不能将这头野兽动一下。一个佛教徒说："如果一个人对我不怀好意，我将慷慨地施予我的包容、仁爱之意。他的邪恶意图越强，我的善良之意也就越多。"

3. 善于自制

我们要宽容一个侵犯我们尊严、利益的人，这宽容中本来就包含着自制的内容。一个不能控制自己的人，往往情绪激动，就会把本来可以办成的事办砸了。这是成大事者的大戒。

因此，为人处世要以身作则。只有自己做好了，才能让别人信服，同样，只有有自制力的人，才能很好地宽容他人。

4. 求同存异

人与人之间的冲突，很多是因为个性上的差异。其实，只要我们用宽容的心态求同存异，人际关系肯定会有很大改观的。和人相处，如果总是强调差异，就不会相处融洽。强调差异会使人与人之间的距离越来越远，甚至最终走向冲突。

要减少差异，就要设身处地地为别人着想，以达成共识。为别人着想，就会产生同化，彼此间的关系就会更加融洽。如果把注意力放在别人和自己的共同点上，与人相处就会容易一些。同化就是找共同点。

用宽容之心把自己融进对方的世界，这个时候，无须恳求、命令，两人自然就会合作做某件事情。没有人愿意和那些跟自己作对的人合作。在人与人交往的过程中，每一个人都会有意无意地在想："这人是不是和我站在同一立场上？"人与人之间的关系，要么非常熟悉，要么非常冷漠，要么立场相同，要么南辕北辙。不管人和人有多么不同，在这一点上，你和你眼中的对手都是一致的。唯有先站在同一立场上，两人才有合作的可能。就算是对手，只要你找出和他的共同利益关系，你们就可以走到一起来。

谦逊的空杯才能盛更多的水

自古以来，我国人民就有谦虚的美德，有许多这方面的格言警句启迪后人。如"谦受益，满招损""谦虚使人进步，骄傲使人落后""虚心竹有低头叶，傲骨梅无仰面花""百尺竿头，更进一步"。

事实上也是如此，没有一个人能够有骄傲的资本，因为任何一个人，即使他在某一方面的造诣很深，也不能够说他已经彻底精通、彻底研究全了。"生命有限，知识无穷"，任何一门学问都是无穷无尽的海洋，都是无边无际的天空……所以，谁也不能够认为自己已经达到了最高境界而停步不前、趾高气扬。如果那样的话，则必将很快被同行赶上，很快被后人超过。

爱因斯坦是 20 世纪世界上最伟大的科学家之一，他的相对论以及他在物理学界其他方面的研究成果，留给我们的是一笔取之不尽、用之不完的财富。然而，即使这样，他还是在有生之年不断地学习、研究，活到老，学到老。

有人问爱因斯坦，说："您可谓是物理学界空前绝后的人才了，何必还要孜孜不倦地学习呢？何不舒舒服服地休息呢？"

爱因斯坦并没有立即回答他这个问题，而是找来一支笔、一张纸，在纸上画上一个大圆和一个小圆，对那位年轻人说："在目前的情况下，在物理学这个领域里可能是我比你懂得略多一些。正如你所知的是这个小圆，我所知的是这个大圆，然而整个物理学知识是无边无际的。对于小圆，它的周长小，即与未知领域的接触面小，你感受到自己的未知少；而大圆与外界接触的这一周又长又大，所以更感到自己未知的东西多，会更加努力的去探索。"

"宽阔的河流平静，学识渊博的人谦虚。"凡是对人类发展作出巨大贡献的伟大人物，都有着谦逊的美德。

曾经有人问牛顿："你获得成功的秘诀是什么?"牛顿回答说："假如我有一点微小成就的话，没有其他秘诀，唯有勤奋而已。"他又说："我之所以比别人望得远些，是因为站在巨人的肩膀上。"这些话多么意味深长啊！晚年的牛顿曾经这样总结过自己："在我自己看来，我不过就像是一个在海滨玩耍的小孩，为不时发现比寻常更为光滑的一块卵石或比寻常更为美丽的一片贝壳而沾沾自喜，而对于展现在我面前的真理的海洋，却全然没有注意。"

我国的大科学家竺可桢，在他逝世前两个星期的一天里，当他得知外孙女婿来到他家，便迫不及待地叫他讲授高能物理基本粒子的基本知识。老伴劝他："你连坐都支持不住，还问这些干什么?"竺老听了老伴的话儿，一边咳嗽一边说："不成，我知道得太少。"

好一个"我知道得太少"！竺可桢在气象学上辛勤耕耘，数十年如一日地进行长期观察研究，一生硕果累累。谁能想到，一个蜚声中外的科学家，竟还在 84 岁的高龄，在生命处于垂危之际，先后五次向晚辈求教"补课"，孜孜不倦。这正是谦逊好学、不耻下问、甘拜人师、永不满足的传统美德在一个大科学家身上的生动体现，也正是他能走向人生光辉顶点的基本要求。有如此卓越成就的人都如此之谦虚，那么作为平凡人的我们又有什么理由去骄傲自大呢？所以，每当你骄傲自满时，一定别忘了提醒自己去丈量一下巨人的肩膀，这样你便会发现自己是多么的渺小而微不足道，这样，你才会用一颗空杯的心更加地充实自身。

坚忍的人才能站得比别人更高

唯有坚忍不拔才能克服任何困难。一个人有了持久心，谁都会对他赋予完全的信任；有了持久心的人到处都会获得别人的帮助。对于那些做事三心二意、无精打采的人，谁都不愿信任或援助他，因为大家都知道他们做事靠不住。

探究一些人失败的原因，并不是他们没有能力、没有诚心、没有希望，而是因为他们没有坚忍不拔的持久心，这种人做起事来往往有头无尾、有始无终。他们怀疑自己是否能够成功，永远决定不了自己究竟要做哪一件事，有时他们看好了一种工作，以为绝对有成功的把握，但中途又觉得还是另一件事比较妥当顺利。这种人到头来总是以失败告终，对他们所做的事不仅别人不敢担保，而且连他们自己也毫无把握。他们有时对目前的地位心满意足，但不久又产生种种不满的情绪。

坚忍，是克服一切困难的保障，它可以帮助人们成就一切事情，达到理想。

有了坚忍，人们在遇到大灾祸、大困苦的时候，就不会无所适从；在各种困难和打击面前，仍能顽强地生活下去。世界上没有其他东西可以代替坚忍，它是唯一的，是不可缺少的。

坚忍，是所有成就大事业的人的共同特征。他们中有的人或许没有受过高等教育，或许有其他弱点和缺陷，但他们一定都是坚忍不拔的人。劳苦不足以让他们灰心，困难不能让他们丧志。不管遇到什么挫折，他们都会坚持、忍耐。

以坚忍为资本去从事事业的人，他们所取得的成功，比以金钱为资本的人更大。许多人做事有始无终，就因为他们没有充分的坚忍力，使他们无法达到最终的目的。然而，一个伟大的人，一个有坚忍力的人却绝非这样。他不管遇到任何情形，总是不肯放弃，不肯停止，而在再次失败之后，会含笑而起，以更大的决心和勇气继续前进。他不知失败为何物。

做任何事，是否不达目的不罢休，这是测验一个人品格的一种标准。坚忍是一种极为可贵的德性。许多人在情形顺利时肯随大众向前，也肯努力奋斗。但当大家都已后退时，还能够独自一人孤军奋战的人，才是难能可贵的。这需要很强的坚忍力。

对于一个希望获得成功的人，要始终不停地问自己："你有耐性、有坚忍力吗？你能在失败之后，仍然坚持吗？你能不管任何阻碍，一直前进吗？"

你只有充分发挥自己的天赋和本能，才能找到一条连接成功的通天大道。一个下定决心就不再动摇的人，无形之中能给人一种最可靠的保证，他做起事来一定肯于负责，一定有成功的希望。因此，我们做任何事，事先应打定一个尽善的主意，一旦主意打定之后，就千万不能再犹豫了，应该遵照已经定好的计划，按部就班地去做，不达目的绝不罢休。举个例子来说：一位建筑师打好图样之后，若完全依照图样，按部就班地去动工，一所理想的大厦不久就会成为实物。倘若这位建筑师一面建造，一面又把那张图样东改一下，西改一下，试问这所大厦还有成功之日吗？成功者的特征是：绝不因受到任何阻挠而颓丧，只知道盯住目标，勇往直前。

获得成功有两个重要的前提：一是坚决，二是忍耐。人们最相信的就是意志坚决的人，当然意志坚决的人有时也许会遇到艰难，碰到困苦、挫折，但他绝不会一蹶不振。我们常常听到别人问："他还在干吗？"这就是说：那个人对自己的前途还没有绝望。

如何培养坚忍的性格？很简单，只要你确定人生的目标，专注于你的目标，那么你所有的思想、行动及意念都会朝着那个方向前进。韧性是身体健康的一部分，不管发生了什么情况，你必须具有坚持工作到底的能力。韧性是身体健康和精神饱满的一种象征，这也是你成为领导者并赢得卓越的驾驭能力所必需的一种个人品质。韧性是与勇气紧密相关的，当真正遇到困难时你所必备的一种坚持到底的能力，是既要具有可以跑上几千米的能力，还要具有百米冲刺的能力。韧性是需要忍受疼痛、辛劳、艰苦，并体现在体力上和精神上的持久力。

韧性是你在极其艰苦的精神和肉体的压力下所具有的长期从事卓有成效的工作能力，忍耐力是需要你长时间付出额外的努力的。坚忍是一种你想具备卓越的驾驭人的能力所必须培养的重要的个人品质。

勇敢为你的成功铺开康庄大道

一个人要想干成一番事业，不但会遭遇挫折，而且还会遭遇困难和艰辛。

困难只能吓住那些性格软弱的人。对于真正坚强的人来说，任何困难都难以迫使他就范。相反，困难越多，对手越强，他们就越感到拼搏有意义。黑格尔说："人格的伟大和刚强只有借矛盾对立的伟大和刚强才能衡量出来。"

在困难面前能否有迎难而上的勇气有赖于和困难拼搏的心理准备，也有赖于依靠自己的力量克服困难的坚强决心。许多人在困境中之所以变得沮丧，是因为他们原先并没有与困难作战的心理准备，当进展受挫、陷入困境时便张皇失措，或怨天尤人，或到处求援，或借酒消愁。这些做法只能徒然瓦解自己的意志和毅力，客观上是帮助困难打倒自己。他们不打算依靠自己的力量去克服困难，结果，一切可以征服困难的可行计划便都被停止执行，本来能够克服的困难也变得不可克服了。还有的人，面对很强的困难不愿竭尽自己的全力，当攻不动困难时，便心安理得地寻找理由："不是我不努力，而是困难太大了。"不言而喻，这种人永远也找不到克服困难的方法。

问题不仅仅是生活中可以接受的一部分，而且对于阅历丰富的人而言，它也是必不可少的。如果你不能聪明地利用你的问题，就绝不会掌握任何技能。最重要的是，任何时候，你都不要退缩。如果你现在不去面对问题，不去解决它，那么，日后你终将遇到类似的问题。把你的失望降低到最低程度，你才会认识到，心灵上能够逾越困境才是受用一生的最大财富。

看到成功人士的成功，看到那份勇气，你会多少有点贪恋。正是这份勇气才使成大事者成功。他们在生活中跌倒，能够爬起来；他们在生活中被困扰，能够寻找出口。他们总是把自己过去的失败看作是一种勇气的复得。而你现在要做的就是找到这份勇气，去揭开生活的秘密。

1983 年，布森·哈姆徒手攀壁，登上纽约的帝国大厦，在创造了吉尼斯纪录的同时，也赢得了"蜘蛛人"的称号。

美国恐高症康复联席会得知这一消息，致电"蜘蛛人"哈姆，打算聘请他做康复协会的顾问。

哈姆接到聘书后，打电话给联席会主席约翰逊，要他查一查第 1042 号会员，约翰逊很快就找到了 1042 号会员的个人资料，他的名字正是布森·哈姆。原来他们要聘请做顾问的这位"蜘蛛人"本身就是一位恐高症患者。

约翰逊对此大为惊讶。一个站在二楼阳台上都心跳加快的人，竟然能徒手攀上 400 多米高的大楼，他决定亲自去拜访一下布森·哈姆。

约翰逊来到费城郊外的布森住所。这儿正在举行一个庆祝会，十几名记者正围着一位老太太拍照采访。

原来布森·哈姆94岁的曾祖母听说他创造了吉尼斯纪录，特意从100千米外的家乡徒步赶来，她想以这一行动为哈姆的纪录添彩。

谁知这一异想天开的做法，无意间竟创造了一个老人徒步行走的世界纪录。

有一位记者问她，当你打算徒步而来的时候，你是否因年龄关系而动摇过？

老太太精神矍铄地说："小伙子，打算一口气跑100千米也许需要勇气，但是走一步路是不需要勇气的，只要你走一步，接着再走一步，然后一步再一步，100千米也就走完了。"恐高症康复联席会主席约翰逊站在一旁，一下子明白了哈姆登上帝国大厦的奥秘，原来他有向上攀登一步的勇气。

是的，真正坚强的人，不但在碰到困难时不害怕困难，而且在没有碰到困难时，还积极主动地寻找困难，他们是具有更强的成就欲的人，是希望冒险的开拓者，他们更有希望获得成功。阿拉伯民间故事集《一千零一夜》里，有一个勇敢的航海家辛伯达，他每次总是去寻求那种与大自然抗争、与海盗搏斗的惊险航行，而恰恰是这些经历使他应付危机的能力大大增强，使他一次次大难不死，安全抵达目的地。在生活和事业中，千千万万的强者，不正是从克服他们自己找来的困难中，取得了一个又一个引人注目的成就吗？

要善于检验你人格的伟大力量。你应该常常扪心自问，在除了自己的生命以外，一切都已丧失了以后，在你的生命中还剩余些什么？即在遭受失败以后，你还有多少勇气？假使你在失败之后，从此一蹶不振，放手不干而自甘屈服，那么别人就可以断定，你根本算不上什么人物；但假如你能雄心不减、踏步向前，不失望、不放弃，则可以让别人知道，你的人格之高、勇气之大，是可以超过你的损失、灾祸与失败的。

或许你要说，你已经失败很多次，所以再试也是徒劳无益；你跌倒的次数过多，再站起来也是无用。对于有勇气的人，绝没有什么失败！不管失败的次数怎样多，时间怎样晚，胜利仍然是可期待的。

当然，勇敢也是可以培养出来的。

英国现代杰出的现实主义戏剧家萧伯纳以幽默的演讲才能著称于世。可他在青年时，却羞于见人，胆子很小。若有人请他去做客，他总是先在人家门前忐忑不安地徘徊很久，却不敢直接去按门铃。

美国著名作家马克·吐温谈起他首次在公开场合演说时，说他那时仿佛嘴里塞满了棉花，脉搏快得像田径赛跑中争夺奖杯的运动员。

可是他们后来都成了大演说家，这完全是勇于训练的结果。要克服说话胆怯的心理，可以从以下几个方面做起。

（1）树立信心。只要树立信心，不怕别人议论，用自己的行动来鼓励自己，就肯定会获得成功。

（2）积极参加集体活动。参加集体活动是帮助克服恐惧感，减少退缩行为的好办法。

（3）客观评价自己。相信自己的才能，多肯定自己，并用积极进取的态度看待自己的不足，减少挑剔，摆脱自我束缚。

要克服与人交往、与人交谈的恐惧，以下几种方法是有效的训练手段。

（1）训练自己盯住对方的鼻梁，让人感到你在正视他的眼睛。

（2）径直迎着别人走上前去。

（3）开口时声音洪亮，结束时也会强有力；相反，开始时声音细弱，闭嘴时也就软弱。

（4）学会适时地保持沉默，以迫使对方讲话。

（5）会见一位陌生人之前，先列一个话题单子。

其实，勇气就是这么来的，越是困难的工作，越勇于承担，硬着头皮，咬紧牙关，强迫自己深入进去。随着时间的推移，会由开始的生疏到后来的熟练，由开始的紧张到后来的轻松，慢慢体会到自己的力量，增强自信心和勇气。

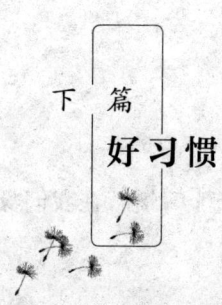

下 篇

好习惯

习惯决定成败

习惯的力量无比巨大，它经年累月地影响着人的生活态度、思维方法和行为模式，左右一生成败。一个人理解习惯对自己的重大意义并驾驭习惯，就能改变生活方式，主宰自己的命运。

第一节 习惯就在我们身边

习惯的力量无比巨大

习惯的力量是巨大的。1873 年，美国发明家克利斯托弗发明了世界上第一台打字机，键盘完全是按照英文字母的顺序排列的。慢慢地，他发现打字的速度一旦加快，键槌就很容易被卡住。他的弟弟给他出了一个主意，建议他把常用字的键符分开布局，这样每次击键的时候，键槌就不会因为连续击打同一块区域而卡死。经过这样不规则的排列后，卡键的次数果然大大减少，但同时打字速度也减慢了。在推销打字机的时候，在利润的驱动下，克利斯托弗对客户说，这样的排列可以大大提高打字速度，结果所有人都相信了他的说法。现在，人们已经习惯了这样的键盘布局，并始终认为这样的确能提高打字速度。

国外一些数学家经过研究得出结论，目前的排列是最笨拙的一种，凭借目前的技术已经解决了卡键问题，可现在出现第二种排列的键盘似乎不太可能，因为人们都习惯了。在强大的习惯面前，科学有时也会变得束手无策。

说起来你可能不信，一根矮矮的柱子，一条细细的链子，竟能拴住一头重达千斤的大象，可这令人难以置信的景象在印度和泰国随处可见。原来那些驯象人在大象还是小象的时候，就用一条铁链把它绑在柱子上。由于力量尚小，无论小象怎样挣扎都无法摆脱锁链的束缚，于是小象渐渐地习惯了而不再挣扎，直到长成了庞然大物，虽然它此时可以轻而易举地挣脱链子，但是大象依然选择了放弃挣扎，因为在它的惯性思维里，它仍然认为摆脱链子是永远不可能的。

小象是被实实在在的链子绑住的，而大象则是被看不见的习惯绑住的。

可见，习惯虽小，却影响深远。习惯对我们的生活有绝对的影响，因为它是一贯的。在不知不觉中，习惯经年累月地影响着我们的品德，决定着我们思维和行为的方式，左右着我们的成败。心理上的习惯左右着我们的思维方式，决定着我们的接人待物。当我们的命运面临抉择时，是习惯帮我们作的决定。

习惯是个什么东西

狗家族出了一条很有志气、很有抱负的小狗，它向整个家族宣布：要去横穿大沙漠，所有的狗都跑来向它表示祝贺。在一片欢呼声中，这只小狗带足了食物、水，然后上路了。3 天后，突然传来了小狗不幸牺牲的消息。

是什么原因使这只很有理想的小狗牺牲了呢？检查食物，还有很多；水不足吗？也不是，水壶还有水。后来经过研究，终于发现了小狗牺牲的秘密——小狗是被尿憋死的。

之所以被尿憋死是因为狗有一个习惯——一定要在树干旁撒尿。由于大沙漠中没有树，也没有电线杆，所以可怜的小狗一直憋了 3 天，终于被憋死了。

狗是如此，人呢？

一个人的行为方式、生活习惯是多年养成的。比如，与人交往的形式、与人沟通的方式、与人相处的模式……都是多年习惯累积慢慢成型的。孔子在《论语》中提到："性相近，习相远也。""少小若无性，习惯成自然。"意思是说，人的本性是很接近的，但由于习惯不同便相去甚远；小时候培养的品格就好像是天生就有的，长期养成的习惯就好像完全出于自然。

一句俗话说："贫穷是一种习惯，富有也是一种习惯；失败是一种习惯，成功也是一种习惯。"如果你重视观念和思考，那么，你对此可能会有一些同感。

习惯也称为惯性，是宇宙之间共同的法则，具有无法阻挡的一股力量。"冬天来了，春天还会远吗？"这就是无法阻挡的一股力量；苹果离开树枝必然往下掉，同样是具有无法阻挡的一股力量。

没有惯性则没有力量，例如，静止的火车，要防止其滑行只需在每个驱动轮面前放一块1寸厚的木头就行了，但如果火车以每小时100千米的速度行驶的话，哪怕是一堵5尺厚的钢筋水泥墙也无法阻挡，可见惯性的力量多么巨大！

我们可以对习惯下一个定义：所谓的习惯，就是人和动物对于某种刺激的固定性反应，这是相同的场合和反应反复出现的结果。所以，如果一个人反复练习饭前洗手的话，那么这个行为就会融入到他更为广泛的行为中去，成为"爱清洁"的习惯。

习惯是某种刺激反复出现，个体对之做出固定性反应，久而久之形成的类似于条件反射的某种规律性活动。它包括生理和心理两方面，即能够直接观察及测量的外显活动和间接推知的内在心理历程——意识及潜意识历程。而且，心理上的习惯，即思维定式一旦形成，则更具持久性和稳定性，在更广泛的基础上，就成了性格特征。

第二节　成也习惯，败也习惯

习惯能成就一个人，也能够摧毁一个人

有一个猎人，他在一次打猎中捡回一只老鹰蛋，回到家里，他把老鹰蛋和母鸡正在孵的鸡蛋放在一起。

没过多久，小鹰和小鸡一起出世了。在母鸡的照顾下，小鹰很开心地和小鸡们生活在一起。

小鹰当然不知道自己是一只鹰，它和小鸡们一样学习鸡的各种生存本领。母鸡也不知道它是一只鹰，母鸡像教育其他小鸡那样教育小鹰。这只小鹰一直按照鸡的习惯生活。

在它们生活的地方，不时有老鹰从空中飞过。每当老鹰飞过时，小鹰就说："在天空飞翔多好啊，有一天我也要那样飞起来。"

听它这么说，母鸡每次都要提醒它："别做梦了，你只是一只小鸡！"

其他小鸡也一起附和："你只是一只鸡，你不可能飞那么高！"

被提醒的次数多了，小鹰终于相信它永远不可能飞那么高。小鹰再看到老鹰飞过时，它便主动提醒自己："我是一只小鸡，我不可能飞那么高。"

就这样，这只鹰到死那一天也没有飞翔过——虽然它拥有翱翔蓝天的翅膀和体格。

由此可见，习惯虽小，却影响深远。你可以遍数名载史册的成功人士，哪一个人没有几个可圈可点的习惯在影响着他们的人生轨迹呢？当然，习惯人人都有，我们的惰性和惯性会使我们不止一次地重复某些事情，而经常反复地做也就成了习惯，比如爱笑的习惯、吝啬的习惯，甚至于饭前洗手的习惯，等等。习惯有大有小，有好有坏，林林总总。

习惯决定命运。这里面隐藏着人类本能的秘诀。

日常的生活本身就是习惯的反复应用，而一旦遇上突发事件，根深蒂固的习惯更是一马当先地冲到最前面，所以，当我们的命运面临抉择时，是习惯帮我们作的决定。

事物总是一分为二，凡事都有其两面性。习惯也是一样，有正面就有负面。正面的是好习惯，好习惯有助于我们的成功；而负面的是坏习惯，坏习惯则导致我们的失败。

例如，礼貌是一种好习惯，走到哪里都能够彬彬有礼、以礼相待的人一定会深受欢迎，拥有这种习惯的人则容易成功；相反，失礼就是一种坏习惯。

微笑是一种习惯，可以预先消除许多不必要的怨气，化解许多不必要的争执，而老是板着面孔的人走到哪里都会制造出一种紧张气氛。

所以说，习惯决定命运。习惯是通往成功的最实际的保证，习惯也是通向失败的最直接的通道。

卓越是一种习惯，平庸也是一种习惯

在我们的工作和生活中，有很多效率低下的例子。例如，有些人只知道一味地例行公事，而不顾做事的实际效果；他们总是采取一种被动的、机械的方式工作。在这种状态下工作的人，往往缺乏主观能动性和创造性，在工作中不思进取、敷衍塞责，总是为自己找借口，无休止地拖延……

另外，我们也可以看到很多做事高效的例子。例如，有些人做起事来注重目标，注重程序，他们在工作中往往采取一种主动而积极的方式。他们工作起来对目标和结果负责，做事有主见，善于创造性地开展工作；工作中出现困难的时候会积极地寻找办法，勇于承担责任，无论做什么总是会给自己的上司一个满意的答复。

举一个例子来说吧，某公司的一位服务秘书接到服务单，客户要装一台打印机，但服务单上没有注明是否要配插线，这时，服务秘书有以下3种做法。

（1）开派工单。

（2）电话提醒一下商务秘书，看是否要配插线，然后等对方回话。

（3）直接打电话给客户，询问是否要配插线，若需要，就配齐给客户送过去。

第一种做法，可能导致客户的打印机无法使用，引起客户的不满；第二种做法，可能会延误工作速度，影响服务质量；第三种做法，既能避免工作失误，又不会影响工作效率。

显然，第三种做法就是一个高效做事的例子。

高效能人士与做事缺乏效率的人的一个重要区别在于：前者是主动工作、善于思考、主动找方法的人，他们既对过程负责，又对结果负责；而后者只是被动地等待工作，敷衍塞责，遇到困难只会抱怨，寻找借口。

另外，高效能人士不仅善于高效工作，同时也深谙平衡工作与生活的艺术。他们既不会为工作所苦，也不为生活所累。他们不是一个不重结果、被动做事的"问题员工"，也不是一个执着于工作，忽视了生活、整日为效率所苦的"工作狂"。

一个游刃于工作与生活之中的高效能人士应当具备很多素质，比如"做事有目标""能够正确地思考问题""是一个解决问题的高手""重视细节""高效利用时间""勇于承担责任，不找借口""正确应对工作压力""善于把握工作与生活的平衡""善于沟通交际""拥有双赢思维"等。

一位哲人说过："播下一种思想，收获一种行为；播下一种行为，收获一种习惯；播下一种习惯，收获一种性格；播下一种性格，收获一种命运。"要不断提升自己的素质，做一名合格的高效能人士，就要养成正确的工作和生活的习惯。

成功的习惯重在培养

美国学者特尔曼从 1928 年起对 1500 名儿童进行了长期的

追踪研究，发现这些"天才"儿童平均年龄为 7 岁，平均智商为 130。成年之后，又对其中最有成就的 20％和没有什么成就的 20％进行分析比较，结果发现，他们成年后之所以产生明显差异，其主要原因就是前者有良好的学习习惯、强烈的进取精神和顽强的毅力，而后者则甚为缺乏。

习惯是经过重复或练习而巩固下来的思维模式和行为方式，例如，人们长期养成的学习习惯、生活习惯、工作习惯等。"习惯养得好，终身受其益"；"少小若无性，习惯成自然"。习惯是由重复制造出来，并根据自然法则养成的。

孩子从小养成良好的习惯，能促进他们的生长发育，更好地获取知识，发展智力。良好的学习习惯能提高孩子的活动效率，保证学习任务的顺利完成。从这个意义上来说，它是孩子今后事业成功的首要条件。

但是习惯是从哪里来的呢？

习惯是自己培养起来的。当你不断地重复一件事情，最后就有了应该和不应该，开始形成了所谓的真理。

习惯应该是你帮助自己的工具，你需要利用自己的习惯来更好地生活，如果哪个习惯阻碍了你实现这样的目标，那么就该抛弃这样的坏习惯。

下面是培养良好习惯的过程与规则。

（1）在培养一个新习惯之初，把力量和热忱注入你的感情之中。对于你所想的，要有深刻的感受。记住：你正在采取建造新的心灵道路的最初几个步骤，万事开头难。一开始，你就要尽可能地使这条道路既干净又清楚，下一次你想要寻找及走上这条小径时，就可以很轻易地看出这条道路来。

（2）把你的注意力集中在新道路的修建工作上，使你的意识不再去注意旧的道路。不要再去想旧路上的事情，把它们全忘掉，你只要考虑新建的道路就可以了。

（3）可能的话，要尽量在你新建的道路上行走。你要自己制造机会来走上这条新路，不要等机会自动在你跟前出现。你在新路上行走的次数越多，它们就能越快被踏平，更有利于行走。一开始，你就要制订一些计划，准备走上新的习惯道路。

（4）过去已经走过的道路比较好走，因此，你一定要抗拒走上这些旧路的诱惑。你每抵抗一次这种诱惑，就会变得更为坚强，下次也就更容易抗拒这种诱惑。但是，你每向这种诱惑屈服一次，就会更容易在下一次屈服，以后将更难以抗拒诱惑。你将在一开始就面临一次战斗，这是重要时刻，你必须在一开始就证明你的决心、毅力与意志力。

（5）要确信你已找出正确的途径，把它当作是你的明确目标，然后毫无畏惧地前进，不要使自己产生怀疑。着手进行你的工作，不要往后看。选定你的目标，然后修建一条又好、又宽、又深的道路，直接通向这个目标。

你已经注意到了，习惯与自我暗示之间存在着很密切的关系。根据习惯而一再以相同的态度重复进行的一项行为，我们将会自动地或不知不觉地进行这项行为。例如，在弹奏钢琴时，钢琴家可以一面弹奏他所熟悉的一段曲子，一面在脑中想着其他的事情。

自我暗示是我们用来挖掘心理道路的工具，"专心"就是握住这个工具的手，而"习惯"则是这条心理道路的路线图或蓝图。要想把某种想法或欲望转变成为行动或事实之前，必须忠实而固执地将它保存在意识之中，一直等到习惯将它变成永久性的形式为止。

成功者之所以成功，不是因为他们有着多么高的天赋和超常的才能，而是因为他们有着良好的习惯，并善于用良好的习惯来提高自己的工作效率，进而提高自己的生活品质。他们发现，好习惯能改变命运，使自己过上富足的生活；好习惯使身心健康，邻里和睦，家庭幸福美满。这一切都来源于好习惯的力量。

第一节　高效能人士的习惯

在行动前设定目标

IBM 公司的创始人托马斯·约翰·沃森说过："有两种人永远无法超越别人：一种人是只做别人交代的工作，另一种人是做不好别人交代的工作。"哪一种情况更令人丧气，实在很难说。总之，他们会成为第一个被裁员的人，或是在同一个单调而卑微的工作岗位上耗费终生的精力。

沃森先生所指的两种人心中都没有十分明确的目标。等待他们的将是卑微的职位和庸碌的人生。阿尔伯特·哈伯德先生说过，如果你并不想从工作中获得什么，那么你只能在漫长的职业生涯中无目的地漂流。只有目标在前方召唤，才会有进取的动力。在《爱丽斯漫游奇境记》中，小爱丽斯问小猫咪："请你告诉我，我应该走哪条路呢？"

猫咪说："这在很大程度上看你要去什么地方。"

"去哪儿我都无所谓。"爱丽斯说。

"那么你走哪条路都可以。"猫咪回答道。

"那么，只要能到达某个地方就可以了。"爱丽斯补充道。

"亲爱的爱丽斯，只要你一直走下去，肯定会到达那里的。"

现实中，像爱丽斯那样去哪里都无所谓的员工大有人在。他们在工作中标榜努力工作，勤奋学习，但却从来没有一个工作目标，更谈不上职业规划。他们机械地工作，这种工作状态是永远无法达到最高效率的。可以毫不过分地说，他们个人的发展会因此走更多的弯路，因为一个人从平凡到卓越的前提是确定工作的目标。

世界一流效率提升大师博恩·崔西说："成功最重要的前提是知道自己究竟想要什么。成功的首要因素是制订一套明确、具体而且可以衡量的目标和计划。"

我们每个人都渴望成功，都渴望实现财务自由，都渴望干自己想干的事，去自己想去的地方。但是要成功就要达成自己设定的目标或是完成自己的愿望；否则，成功是不现实的。成功就是实现自己有意义的既定目标。

在世界上有这样一种现象，那就是：没有目标的人在为有目标的人达到目标。因为没有目标的人就好像没有罗盘的船只，不知道前进的方向；有明确、具体目标的人就好像有罗盘的船只一样，有明确的方向。在茫茫大海上，没有方向的船只只有跟随着有方向的船只航行。

有目标未必能够成功，但没有目标的人一定不能成功。博恩·崔西说："成功就是目标的达成，其他都是这句话的注解。"现实中那些顶尖的成功人士不是成功了才设定目标，而是设定了目标才成功。

美国哈佛大学对一批大学毕业生进行了一次关于人生目标的调查，结果是：27％的人没有目标，60％的人目标模糊，10％的人有清晰而短期的目标，3％的人有清晰而长远的目标。

25年后，哈佛大学再次对这批学生跟踪调查，结果是：那3％的人，25年间始终朝着一个目标不断努力，几乎都成为社会各界成功人士、行业领袖和社会精英；10％的人，他们的短期目标不断实现，成为各个领域中的专业人士，大都生活在社会中上层；60％的人，他们过着安稳的生活，也有着稳定的工作，却没有什么特别的成绩，几乎都生活在社会的中下层；剩下27％的人，生活没有目标，并且还在抱怨他人，抱怨社会不给他们机会。

生命是可贵的，但是只有在它还有一些价值的时候去做应该做的事，去实现自己的目标，人生才会有意义。

在生命中没有一个中心目标的人，很容易受到一些微不足道的诸如忧虑、恐惧、烦恼和自怜等情绪的困扰。所有这些情绪都是软弱的表现，都将导致无法回避的过错、失败、不幸和失落。

在竞争日趋激烈的现代化社会，这只能导致一个人工作效能和生活质量的下降。甚至会影响到一个人的身体健康。一位美国的心理学家发现，在为老年人开办的疗养院里，有一种现象：每当节假日或一些特殊的日子，像结婚周年纪念日、生日等来临的时候，死亡率就会降低。他们中有许多人为自己立下一个目标：要再多过一个圣诞节、一个纪念日、一个国庆日等。等这些日子一过，心中的目标、愿望已经实现，继续活下去的意志就变得微弱了，死亡率便立刻升高。

那么，我们在为自己设定行动目标时要注意哪些问题呢？

1. 制定中程目标

明确可行的目标可以引发一个人的活动，提高他的执行效能。订立中程目标往往是最能克服挑战的方法，因为中程目标是一种更能鼓舞人，也更激励人的过程，这也是一个人能否成功的一个关键。

目标必须实在，而且不要太遥不可及，应该是在达得到的范围内。千万不要以为自己可以在一天内完成所有的事。因此，如果你想成为一个高效能的职场人士，无论做什么事，首先要立足现实，为自己制定一个可行的中程目标。

已故网球名将亚瑟·艾伦早年也有类似的经验。艾伦是打破网球界人种限制的唯一特例，在他之前，网球界一直是白人的天下。艾伦在他的生命后期，全力与艾滋病对抗，以唤起人们对这个世纪病毒更多的重视与关切。

他的一生可说是一连串设定并达到目标的过程。

艾伦一生都坚持这样一个理念："每次你订立一个目标，然后完成那个目标，就是一种不断增强自信的过程。"他经常为自己制定中程目标，一旦达成那个目标，他就再订一个新的目标。

艾伦就是运用这种订立目标的方法，登上了网球王座。他说："我早年的几位教练常订下清楚明确的目标，这正是我愿意遵循的。这些目标不见得一定要像赢得巡回赛这么重大。而是将一些有待克服的困难、近期内需要努力的方面订为目标，如果这些目标一个个地实现了，我们距离自己的最终目标就会越来越近。并不是只有赢得巡回赛才可以作为目标。往往一些小目标一个个地达成后，我自己都会意外地发现：'嘿！我距离得大奖已经越来越接近了。'"

艾伦一直以这种方式参加高难度的比赛。他说："参加巡回赛，你总想能进入复赛。比赛时，你总希望漏接的反手球不超过某个数字。或者是你必须锻炼体力到一定的程度，天气太热时，你才不至于很快就感到疲倦。这样做，可以帮助你将争取成为世界第一或赢得巡回赛这类的远大目标，分解为几个较易达成的小目标。"

美国通用公司的董事长罗杰·史密斯在进入通用之初，只是一个名不见经传的财务人员。

罗杰初次去通用公司应聘时，只有一个职位空缺，而招聘人员告诉他，工作很艰苦，对一个新人会相当困难。他信心十足地对接见他的人说："工作再棘手我也能胜任，不信我干给你们看……"

在进入通用工作的第一个月后，罗杰就告诉他的同事："我想我将成为通用公司的董事长。"当时他的上司对这句话不以为然，甚至嘲笑他自不量力，逢人便说："我的一个下属对我说他将成为通用公司的董事长。"像上文的艾伦一样，罗杰将自己的目标逐步分解为一个个可以实现的中程目标，然后努力地逐一实现它。令他的上司没想到的是，若干年后，罗杰·史密斯真的成了世界上最大的商业帝国——通用公司的董事长。

在我们为工作目标奋斗的过程中，不断地用中程目标激励自己是必不可少的一项内容。这时的激励，更多的是一种主观的行为，是一种内心的自我暗示。

不断地告诉自己，我的下一个目标是什么，不断为自己制订中程目标，可以让我们离自己心中的最高目标越来越近。

2. 发现你内心真正的需要

你在生活中真正想要的是什么？这个问题看起来很简单，但是意义深刻，它对成功目标的制订至关重要。

要得到生活中想要的一切，当然要靠努力和行动。但是，在开始行动之前，一定要搞清楚，什么才是自己真正想要的。要打发时间并不难，随便找点什么活动就可以应付，但是，如果这些活动的意义不是你设计的本意，那你的生活就失去了真正的意义。你能否提高自己的生活品质，并且使自己满足、有所成就，完全看你能否发现自己真正需要什么，然后能不能尽量满足这些需要。

生活中最困难的一个过程就是要搞清楚我们自己究竟想要什么。大多数人都不知道自己真正想要什么，因为我们不曾花时间来思考这个问题。面对五光十色的世界和各种各样的选择我们更不知所措，所以我们会不假思索地接受别人的期望来定义个人的需要和成功，社会标准变得比我们自己特有的需求还要重要。

我们总是太在意别人要我们这样或那样，以致我们下意识地接受了别人强加于我们的种种动机，结果，努力过后才发现自己的需求一样都没能满足。

更复杂的是，不仅别人的意见影响着我们的欲望，我们自己的欲望本身也是变幻莫测的。它们因为潜在的需要而形成，又因为不可知的力量千变万化。我们经常得到过去十分想要而现在却不再需要的东西。

如果有什么原因使我们总是得不到自己想要得到的东西，这个原因就是你并不清楚自己到底想要什么。就像在大海中航行，如果你不知道目的地是哪里，就只好遭受漂泊迷失之苦了。所以，在你决定自己想要什么、需要什么之前，不要轻易下结论，一定要先作一番心灵探索，真正地了解自己，把握自己的目标。只有这样，你才能在生活中满意地前进。

3. 制订目标要尽可能地伸展自己

定位决定人生。从某种意义上来说，一个人对自己将来有什么样的预期，他就会有什么样的人生。

一个炎热的日子，一群人正在铁路的路基上工作，这时，一列缓缓开来的火车打断了他们的工作。火车停了下来，最后一节车厢的窗户被人打开了，一个低沉的、友好的声音响了起来："乔治，是你吗？"乔治·安德森——这群人的负责人回答说："是我，杰克，见到你真高兴。"于是，乔治·安德森和杰克·菲尔德——铁路公司的总裁，进行了愉快的交谈。在长达一个多小时的愉快交谈之后，两人热情地握手道别。

乔治·安德森的下属立刻包围了他，他们对于他是铁路公司总裁杰克的朋友这一点感到非常震惊。乔治解释说，20多年以前他和杰克是在同一天开始为这条铁路工作的。

其中一个人半认真半开玩笑地问乔治，为什么你现在仍在骄阳下工作，而杰克却成了总裁？乔治感慨良多地说："23年前我为一小时1.75美元的薪水而工作，而杰克却是为这条铁路而工作。"

提到2001年的亚洲首富孙正义，我们大家可能都不陌生。23岁那一年，他得了肝病，在住院期间，他读了4000本书，平均每年读2000本书。他大量地阅读，大量地学习。

在出院之后，他写了40种行业规划，但最后选择了软件业。事实上，他的选择是对的，软件行业使他成为了亚洲首富。

选好行业之后，他开始创业。创业初期，条件艰苦，他的办公桌是用苹果箱拼凑而成的。他招聘了两名员工。有一次，他和两名员工一起分享他的梦想，他说："我25年后要赚100兆日币，成为亚洲首富。"这是孙正义的梦想，但在两名员工看来却是件不可思议的事情。他们对孙正义说："老板，请允许我们辞职，因为我们不想和一位疯子一起工作。"

事实上，孙正义的梦想实现了，他成为亚洲首富。如果他像上文中的乔治那样，为了一份一小时1.75美元的薪水工作，而不梦想成为亚洲首富的话，那么他无法取得这么大的成就。

有限的目标造成有限的人生，每个人对自己的未来都有一个定位，这个定位的高度直接决定着我们人生的高度。因此，当我们在为自己设定目标的时候，要尽量地伸展自己。那么，我们要如何勾勒自己未来的蓝图呢？

首先，你可以像上文中的孙正义那样，先为自己设立一个美好的远大的梦想，然后全心全意地去做。当然，如果你只是随手翻翻，不会对你有什么帮助。因此，你应当坐下来，用笔写下自己的梦想以及对未来的规划，然后制订切实可行的目标。

例如，你可以找一个让你觉得最舒服的地方，不管是你喜爱的书桌，或是角落里照得到阳光的桌子，只要能让你心静的地方，花一个多钟头好好计划一下你未来的希望。做些什么？看些什么？说些什么？成为什么？相信这会是你一生中最宝贵的时间。你要去学习如何设定目标和预测结果，你要画出一张人生旅程的地图，你要勾勒出自己的去向和行动的路径。

在这里，我们要注意一点就是不要为自己的梦想设限，但这并不意味着你可以脱离现实。孙正义在规划自己梦想的时候也是建立在大量地阅读、不断地思考和学习的基础上的。

查斯特·菲尔德爵士指出：有限的目标会造成有限的人生，所以在设定目标时，要尽量伸展自己。只有在精彩目标的指引下，我们才能够充分激发出自身的潜能，拥有高效能的工作和生活。

运用 20/80 法则

1897 年，意大利经济学家帕累托（1848—1923）偶然注意到英国人的财富和收益模式，于是潜心研究这一模式，并于后来提出了著名的 20/80 法则，即二八法则。

帕累托研究发现，社会上的大部分财富被少数人占有了，而且这一部分人口占总人口的比例与这些人所拥有的财富数量具有极不平衡的关系。帕累托还发现，这种不平衡的模式会重复出现，而且也是可以提前预测的。于是，帕累托从大量具体的事实中归纳出一个简单而让人不可思议的结论：如果社会上 20％的人占有 80％的财富，那么可以推测，10％的人占有了 65％的财富，而 5％的人则占有了 50％的财富。

这样，我们可以得到一个让很多人不愿意看到的结论：一般情况下，我们付出的 80％的努力，也就是绝大部分的努力，都没有创造收益和效果，或者是没有直接创造收益和效果。而我们 80％的收获却仅仅来源于 20％的努力，其他 80％的付出只带来 20％的成果。

很明显，二八法则向人们揭示了这样一个真理，即投入与产出、努力与收获、原因和结果之间，普遍存在着不平衡关系。小部分的努力，可以获得大的收获；起关键作用的小部分，通常就能主宰整个组织的产出、盈亏和成败。

1. 无所不在的二八法则

现实世界中，只要你用心去体会，你就会发现存在许多

20/80 定律的情况：

　　20％的罪犯所犯的案占所有犯罪案的80％；20％的粗心大意的司机，引起80％的交通事故；20％的产品或20％的客户，涵盖了公司约80％的营业额；20％的产品或20％的客户，通常占该公司的80％的盈利；占公司人数20％的业务员，其营业额占公司总营业额的80％；占出席会议人数20％的参与者，发言率占所有发言的80％；20％的地毯面积可能集中了整个地毯80％的磨损；80％的时间里，你只穿你衣服的20％。

　　也就是说，重要的东西只占了很小的部分，它的比例是20％，因此，你只要集中精力处理工作中比较重要的20％的那部分，就可以解决全部工作的80％。

　　研究二八法则的专家理查德·科克认为：凡是洞悉了二八法则的人，都会从中受益匪浅，有的甚至会因此改变命运。

　　理查德·科克在牛津大学读书时，学兄告诉他千万不要上课，"要尽可能做得快，没有必要把一本书从头到尾全部读完，除非你是为了享受读书本身的乐趣。在你读书时，应该领悟这本书的精髓，这比读完整本书有价值得多。"这位学兄想表达的意思实际上是：一本书80％的价值，已经在20％的页数中就已经阐明了，所以只要看完整部书的20％就可以了。

　　理查德·科克很喜欢这种学习方法，而且以后一直沿用它。牛津并没有一个连续的评分系统，课程结束时的期末考试就足以裁定一个学生在学校的成绩。他发现，如果分析了过去的考试试题，把所学到知识的20%，甚至更少的与课程有关的知识准备充分，就有把握回答好试卷中80%的题目。这就是为什么专精于一小部分内容的学生，可以给主考官留下深刻的印象。而那些什么都知道一点但没有一门精通的学生却不如考官之意。这项心得让他并没有披星戴月，终日辛苦地学习，但依然取得了很好的成绩。

理查德·科克到壳牌石油公司工作后，在可怕的炼油厂内服务。他很快就意识到，像他这种既年轻又没有什么经验的人，最好的工作也许是咨询业。所以，他去了费城，并且比较轻松地获取了Wharton工商管理的硕士学位，随后加盟一家顶尖的美国咨询公司。上班的第一天，他领到的薪水是在壳牌石油公司的4倍。

就在这里，理查德·科克发现了许多二八法则的实例。咨询行业几乎80%的成长，来自专业人员不到20%的公司。而80%的快速升职也只有在小公司里才有——有没有才能根本不是主要的问题。

当他离开第一家咨询公司跳槽到第二家的时候，他惊奇地发现，新同事比以前公司的同事更有效率。

怎么会出现这样的现象呢？新同事并没有更卖力地工作，但他们在两个主要方面充分利用了二八法则。首先，他们明白，80%的利润是由20%的客户带来的，这条规律对大部分公司来说都行之有效。而这样一个规律意味着两个重大信息：关注大客户和长期客户。大客户所给的任务大，这表示你更有机会运用更年轻的咨询人员；长期客户的关系造就了依赖性，因为如果他们要换另外一家咨询公司，就会增加成本，而且长期客户通常不在意价钱问题。

对大部分的咨询公司而言，争取新客户是工作重点。但在他的新公司里，尽可能与现有的大客户维持长久关系才是明智之举。

不久，理查德·科克确信，对于咨询师和他们的客户来说，努力和报酬之间也没有什么关系，即使有也是微不足道的。聪明人应该看重结果，而不是一味地努力。依照一些解释真理的见解做事，而不是像头老黄牛单纯地低头向前。相反，仅仅凭着脑子聪明和做事努力，不见得就能取得顶尖的成就。

二八法则无论是对企业家、商人还是电脑爱好者、技术工程师和其他任何人，其意义都十分重大。这条法则能促进企业提高效率，增加收益；能帮助个人和企业以最短的时间获得更多的利润；能让每个人的生活更有效率、更快乐；它还是企业降低服务成本、提升服务质量的关键。

闻名全球的 IBM 公司，它的成功绝不是偶然的。早在 20 世纪 60 年代，IBM 公司睿智的管理人员就通晓二八法则，并将其运用于电脑开发创新之中。在 1963 年，IBM 的电脑系统专家发现，一部电脑约 80％的使用时间，是花在 20％的执行指令上的。当时，基于这一重要的发现，公司立刻重写它的操作软件，让大部分的人都能容易接近这 20％。进而轻轻松松地使用，因此，与其他竞争者的电脑相比，IBM 制造的电脑更易操作，更有效率，速度更快。这令 IBM 电脑一时风靡全球，成为电脑行业中的佼佼者。

2. 把握关键客户

一个高效能人士只要分析一下自己成功的因素就知道，二八法则在默默地协助自己走向成功。80% 的成长、获利，来自 20% 的顾客。因此公司至少应知道这 20% 的客户，才可以清楚地看见公司未来成长的前景。即你必须先知道这 20% 的"关键人物"是谁，才谈得上以他们为目标，永远留住这些最重要的客人，给他们提供周到的服务。为此，你需要了解这些关键客户的基本资料。这些资料主要有以下几点：

客户的姓名、称谓；

教育背景；

生活水准；

购买能力；

有无决定权；

周围有哪些具有影响力的人；

兴趣、爱好；

社会群体。

如果你的营销对象是群体单位，比方说工厂、公司等，除了要搜集采购人员的个人资料外，还要特别注意搜集某些相关的重要资料：

最高决策人是谁；

最具影响力的人是谁；

哪一个单位要使用；

谁有最终决定权；

哪一个部门负责采购。

准确掌握了这些信息，你就能清楚地区分与判定顾客的价值，从而避免撒大渔网，最后网到的都是没有什么重大价值的小鱼。

你可以根据客户对你营销业绩的重要性程度，将其分为：

最重要客户，即在过去特定期间内，购买金额占比重最大的前 1% 客户；

重要客户，即在特定期间内，消费金额占比重最大的 5% 的客户；

普通客户，除了重要客户与主要客户外，购买金额占比重最大的前 20% 的客户；

小客户，除了上述 3 种客户外的其他客户。

3. 寻找事业中"贵人"

职场中有一条不成文的守则就是："重要的不是你知道什么，而是你认识谁。"也就是说，要提高工作绩效、发展事业仅靠能力是远远不够的，而是要靠二八法则，找出事业中的贵人，借助他人的力量谋求事业上的发展。

人在一生中能够建立的人际关系数目是非常有限的，而且所有的人际关系都是一样的，虽然地理位置、文化和生活习惯有些不同。在我们的一生中，对我们影响最大的往往是一小部分人，他们的比例约占人际关系总数的 20%。但是，恰恰是这 20% 的人际关系，构成了我们 80% 的情感价值。

人类学家的研究表明，一个人的交际能力和资源一样，也会出现流失或耗尽的情况。比如，每天和人打交道的业务员和频繁搬家的人，他们的交际虽然广泛，但大部分流于表面。

因此，那些通晓二八法则的人为了达成自己的目标，会小心选择朋友。

拿破仑·希尔认为，为了提高一个人的交际效率。应该对生活中的人进行"名片整理"。这并非是让我们将朋友划分等级，而是根据不同的工作需要和重度程度来决定，这样就可以保证我们把时间和精力投入高质量的活动中。

一般情况下，我们每个月都会交换100余张名片，其中可以归为"A类"的约占20%，也就是说，在所有的人际关系中，20%的朋友给我们带来了80%的价值。

被称为"红顶商人"的清朝大商人胡雪岩就是一个在交际中很有目的的人。胡雪岩生前名满天下，广结人缘，但真正影响他的人物只有两个——杭州知府王有龄和湘军名将左宗棠。王有龄助他站稳脚跟，左宗棠助他飞黄腾达。

胡雪岩和王有龄认识时，王有龄正处于落魄之中。当时，胡雪岩还是钱庄的伙计，他冒着危险将钱庄的500两银子挪出来，慨然赠予王有龄，为他打通做官的环节出了一臂之力。王有龄得到胡雪岩相赠的500两银子后找到了昔日的同窗何桂清，在何桂清的帮助下，他顺利当上了浙江海运局坐办，专门主管海上运粮的船只，这个职位在清末算得上是肥差，从此王有龄鸿运大发，胡雪岩也有了东山再起的机会。

随后，靠着左宗棠的背后协助，胡雪岩的事业得以更上一层楼。他们相遇之时，左宗棠正忙于攻打杭州城，当时军队急需粮草和军饷，官兵吃不饱，没有力气作战，又没有钱发军饷，因此更没心思卖力打仗。胡雪岩没有提出任何条件，出钱出力解决了这两项难题，从此两人结为生死之交。

从这个例子可以看出，能够影响我们一生的贵人往往只有几个。当我们知道他的重要性以后，就应该在交往中更加注重这关键的 20% 的人物，这样才能把握自己的人生。

你可能会有这样的体会，如果让你说出朋友的名字，你可能会说出上百个，但是，如果我们进行一下评估，就会发现，朋友提供的价值有着天壤之别，通常五六个人比其他的重要得多。因此，朋友不在于数量的多少，而在于真正的价值。你和每个重要朋友之间的真正关系是，他们能及时给你提供帮助，共同谋求利益；你们之间必须相互信任。

现在，你拿出纸笔，按照生活和工作，分别写下对你来说最重要的朋友的情况，然后看看谁更重要。测验的结果也许会让你感到惊讶，但是，你从此就能够合理地调配人际交往，将自己的时间和精力花在最重要的人身上。

如果一个人想获得稳固而长期的成功，就必须掌握 20% 的关键的人际关系，这样，你也就掌握了 80% 的成功。

换位思考

在沟通中，换位思考的习惯十分重要。有句英国谚语说："要想知道别人的鞋子合不合脚，穿上别人的鞋子走一英里。"工作中因为某件事发生了冲突，有人会说"你坐那个位置看看，也要这样做"，说的也是换位思考的习惯。

在人际相处和沟通里，换位思考扮演着相当重要的角色。用换位思考指导人的交往，就是让我们能够易地而处，能设身处地的理解他人的情绪，感同身受的明白及体会身边人的处境及感受。充分体会他人的情感，正确地表达自己的意图，能够从他人的角度理解问题，才会有真正意义上的沟通。

1. 学会"同理心"

"同理心"是一个重要的心理学概念。它的基本意思是说，你要想真正了解别人，就要学会站在别人的角度来看问题。同理心是同情、关怀与利他主义的基础，具有同理心的人能从细微处体察到他人的需求。下面我们来看一个故事，或许有助于你对同理心的理解。

一位母亲在圣诞节带着5岁的儿子去买礼物。大街上回响着圣诞赞歌，橱窗里装饰着彩灯，盛装可爱的小精灵载歌载舞，商店里五光十色的玩具琳琅满目。

"一个5岁的男孩将以多么兴奋的目光观赏这绚丽的世界啊！"母亲毫不怀疑地想。然而她绝对没有想到，儿子紧拽着她的大衣衣角，呜呜地大哭。

"怎么了？宝贝，要是总哭个没完，圣诞精灵可就不到咱们这儿来啦！"

"我……我的鞋带开了……"

母亲不得不在人行道上蹲下身来，为儿子系好鞋带。母亲无意中抬起头来，啊，怎么什么都没有？——没有绚丽的彩灯，没有迷人的橱窗，没有圣诞礼物，也没有装饰丰富的餐桌……原来那些东西都太高了，孩子什么也看不见。落在他眼里的只是一双双粗大的脚和妇人们低低的裙摆，在那里互相摩擦、碰撞……

真是可怕的情景！这是这位母亲第一次从 5 岁儿子目光的高度眺望世界。她感到非常震惊，立即起身把儿子抱了起来……

从此这位母亲牢记，再也不要把自己认为的快乐强加给儿子。"站在孩子的立场上看待问题"，母亲通过自己的亲身体会认识到了这一点。

我们没有必要把自己的想法强加给别人，但是却必须学会从别人的立场来看待问题，这样可以避免很多不必要的冲突。

我们有这样一种喜欢匆匆忙忙来解决问题的倾向。但我们往往不能先花一些时间进行诊断，去深入了解问题的症结所在。

同理心是一种换位思考的习惯。强调一个人要站在别人的角度上来考虑问题。然而，仅仅站在别人的角度来理解是不够的，同理心还有着更深层面的东西。我们可以把同理心分为两个层次。表层的同理心就是站在别人的角度上去理解，了解对方的信息，听明白对方在说什么。做到这一点，就达到了表层的同理心。深层次的同理心是理解对方的感情成分，理解对方隐含的成分，真正听懂了对方的意思，才是深层的同理心。

在沟通中，光有表层的同理心是远远不够的，我们还要有深层的同理心，这样才能真正听懂对方的意思。尤其是我们中国人，不习惯表达自己的思想和观点，很多情况下是向对方暗示，让对方猜。如果不知道通过"感情成分"和"隐含成分"来了解真实的信息，就会造成沟通的障碍。

（1）将心比心，感同身受。"人非草木，孰能无情？"沟通中，"设身处地"是第一步，就是我们所要强调的同理心，先站在别人的立场上去感受和体会，"会痛"就是我们心中的感受，即所谓的感同身受；然后，在这基础上加以表达，也就是让别人明白"我感同身受"。只要有心，不管从大处还是小处均可以学习和运用同理心，不知不觉中你会变成沟通高手，你的人际关系会变得和谐。

哈佛大学的心理学博士萨尔森默说："我始终不明白，为什么要有机器人这个说法。只要词语中带有'人'字，无疑意味着人为地拔高了物质的高度。我认为应该把机器人称为机器鬼，这样就不至于把机器和人搅和在一起。反正机器人这个说法令人觉得别扭。"

既然他人不是机器人，他人理所当然受到你的尊重。而尊重他人的基础应该是将心比心。将心比心就是推己及人，是一种根据自身的情况来推断他人情况的沟通技巧，是为了保全他人自尊时采取的一种比较含蓄的不直接指责、指使他人的方法，也就是间接地让人做出你希望他做的事。将心比心可以让人心甘情愿地和你沟通。

在工作和生活中，我们每个人都要求得到承认。我们有情感，希望被喜欢、被爱、被尊重，要求别人不把我们看作是个机器人。作为一个人，每个人都有自己特有的抱负、渴望和情感。你的下级会说："我没有你那么高的权位，没挣你那么多的钱，没有你那么大的房子，也没受过你那么高的教育程度，但和你一样，我也是人。我有家庭，当和孩子闹翻后，我会心里难过，无法专心工作；当孩子获得奖学金时，我也会感到自豪，想站在屋顶上大喊。"

因此，在沟通的过程中我们应该重视别人的心理需要，将心比心，这样才不至于在别人眼里成为一个"自以为是的家伙"。

例如，你的同事小陈，是个很优秀的业务员，在公司业绩领先，但他最近有点消沉。下班以后，在办公室，他找你聊天。

小陈说："我用了整整一周的时间做这个客户，但客户的销售量还是不高。"

这时你怎么理解这句话，怎样来回应呢？你是建议他怎么做吗？你是点头倾听吗？你是一起来抱怨销售政策吗？其实表达同样的这句话，其中蕴藏了很多种不同的感情成分，有抱怨、无奈、表达建议、征求建议、希望指导等。能听懂他表面的意思是初级水平，关键是听懂他说这句话背后可能隐藏的内容。下面是用不同的方式说"用了一周的时间，客户的销量还是不高"的事实。看看不同的说话方式表达的意思是否相同。

小陈说："哎，我用了整整一周的时间做这个客户，也不知道怎么搞的，客户的销售量还是不高。"这样的说法，对方可能表达的是无奈，小陈不知道怎样来做这个客户，他已经没有办法了。

小陈说："看来是麻烦了，我用了整整一周的时间做这个客户，客户的销量还是不高。"这样的说法，可能小陈是想切换这个客户了，可能小陈心中已经有候选客户了。

小陈说："说来也奇怪，我用了一周的时间做这个客户，销量还是不高。"这样的说法，可能小陈想从你这里得到建议，希望和你探讨一下，怎样做这个客户。

也就是说，对方表达的信息是同样的，但是因为表达的语气不同，所以带给你的感受是不一样的。在实际工作中，我们给对方回应最多的是给出建议。当对方仅仅是向你抱怨的时候，你给出了指导的建议。这时小陈心里会怎么想呢？他可能想："就你厉害，就你能，难道我不知道怎么做业务吗？你又不是销售经理，上个月你的销售额还没我的高呢，凭什么指导我？"但是他不会和你说，表面上他会附和你的说法，很可能其中有很多不耐烦。最后的结果是你好心帮他，可还是落下了坏的印象和一个"好为人师"的评价，这样是很不值得的。

当小陈在抱怨时，他其实自己知道怎么做，就只是想发泄一下而已。这个时候他需要一个很好的倾听者，你只要听着就可以了，适当的时候也可以发表一些无关痛痒的抱怨。

当对方无奈的时候，可能对客户的能力有怀疑，可能需要和你分析一下客户的实际情况和公司的策略，这个时候你只要安慰他，和他一起分析就可以了。

当对方想切换客户时，可能是对直接切换的信心不足，需要你给他鼓励。这个时候你只要鼓励他，并分享你曾经切换客户的经验就可以了。

当对方是真正寻求你帮助的时候，你可以和他一起来分析这个市场的情况，给出你的建议。但是要说明，仅仅是你个人的建议而已。

（2）正确地表达自己。表达自己在换位思考中也是至关重要的。了解别人固然重要，但我们也有义务让自己被人了解，这通常需要相当的勇气。

古希腊人认为：人生以品格第一，情感第二，理性第三。表达自己也应该遵循这三阶段进行。有些人在表达意见时直接诉诸左脑主管的理性，却不见得具有说服力。

有个人曾向他的朋友报怨，他向上级主管谏言，提醒他注意改进管理方式，但对方对此并没有接受。

他问朋友："虽然那个人对自己的缺点十分清楚，为什么却死不认错？"

"你觉得你的话具有说服力吗？"朋友问。

"我认为我已经说了我应该说的话。"

"果真这样吗？天下哪有这种道理，推销不成反而要顾客自我检讨？推销员应该想办法改进销售技术。你有没有设身处地为他着想？有没有多做点准备，设法表达得更令人信服？你愿意花这么大的工夫吗？"

他反问："我凭什么要这样？"

"你希望他大幅度改变，自己却舍不得花费心力？"

他认为自己实在无法认真地去了解一个让自己反感的人，觉得这样投资太大，不值得付出。

某人在某一个大学任教，愿意付出代价，也尝到了成功的果实。他先向朋友求助：

"我手边的计划不符合院系领导的思路，申请经费极为困难，怎么办？"

"如果是我，我会想一套很有力的说辞。先从评审教授偏好的研究方向入手，而且要比他们了解得还透彻，证明我很明了他们的立场，然后再说明要求辅助的理由。"

他接受了建议，并且和朋友演练了一番。

在系务会议上，他开门见山地说："本人首先就本系发展重点以及各位对本计划的顾虑提出说明，最后再谈个人的意见。"

事后证明他的确正中评审教授的下怀，由于他表现出体谅与尊重，会议尚未结束，研究计划就过关了。

表达自己并非自吹自擂，而是根据对他人的了解来陈述自己的意见，有时候甚至会改变初衷。因为在了解别人的过程中，你也可能产生新的见解。

因此，你可以在办公室尝试与员工个别交谈，多听、多了解他们的心声。也可以设立员工与股东表达意见的平台，接收来自顾客、员工、供应商等各方面的真切回馈，重视人更甚于重视财务与技术。

当我们真正深刻地相互了解时，差异将不再是交流和发展的阻碍。相反，它们成了通往合作的阶石。

（3）同理心训练表。下面是一张同理心训练活动表，可以帮助你培养自己的同理心，让你的交际能力随着同理心的增强而更趋圆熟。

一、活动名称	同理心训练
二、活动目标	通过小组使自我明白他人的重要性，有必要了解他人、尊重他人，进而产生信任。
三、活动时间	根据实际情况自定。
四、活动过程	1.以两人为一组，分成若干组，两人一组面对面坐下，以互相交谈的方式，先由一人介绍自己及家庭状况、兴趣及"五最"——最喜欢的事、最得意的事、最难忘的事、最害怕的事、最脸红的事。2.当一个人说完后，换另一个人来介绍自己，以了解彼此的个性，双方介绍以10分钟为限。3.在进行小组介绍后，则大家围成一个圆圈，依序对大家介绍自己的伙伴，若不充分时，则由被介绍者自行补充。轮流介绍至全部轮完为止。4.最后进行"回馈"活动，请参与的每一个人轮流发表对这项活动的感觉、心得。
五、注意事项	1.人员以10～12人为宜，采取任意分组方式，活动进行时，领导者也可以一起参与，以增加对他人的了解。2.地点室内、室外皆可，只要团体成员舒适即可，但尽量以安静的地点为优先选择。3.讨论：（1）在双方有误解（沟通不良）时，自己是否能多替别人着想？（2）在此活动进行完毕后，自己是否会站在别人的立场替别人着想？是否更能宽恕别人？

2. 与老板换位思考

换位思考不仅是我们沟通和交际方面的一项重要法则，而且在工作中也十分重要。在工作中的换位思考要求我们站在企业发展和老板的立场上，以企业家（老板）的角度来定位自己的工作，时刻将企业利益放在首位，这样对于我们工作效能的提升是很有帮助的。

科比就是一位懂得在工作中换位思考的人。他相信机会来自努力工作，要有更大的发展空间，必须从现在做起。

科比曾是一家贸易公司的部门经理，虽然他完全可以安排其他人去完成所有的工作，但他对进货出货的细节全部都要把关，在与客户的沟通中他始终保持良好的服务态度；在内部问题的管理上，他也做得井井有条、有声有色，办公室的人际氛围十分和谐，员工在工作中都能抱成团。几年后，因为科比的优异表现，他被调到了总公司工作，职位也得到了相应的提升。

作为一名高效能人士，从你一开始进入公司那一天起，你就要开始了解公司和公司的人，对公司的规章制度、产品特征、市场实力、公司文化都要尽力去了解。进而还要了解你的同事、你的上司、你的老板，了解他们各是什么样的人，有什么样的脾气秉性、工作作风、性格特征。有时候在工作中还需要理解为什么他们要这样处理问题，而不是像你想象的那样。

很多情况下，你的老板就代表了企业，高效能人士不会抱怨企业对自己的不公，也不会抱怨上司不给自己机会，而是要积极主动地寻求改变。从自身出发，尽职尽责完成工作，并站在企业的角度，发现企业需要怎样的员工，进而使自己变得对于企业、上司不可或缺，无可替代。这样不仅自身对于企业更有价值，而且也会使企业和个人双赢，这才是一个高效能人士应有的表现。

我们要在工作中做好换位思考，可以尝试从下面几方面入手。

（1）从企业角度出发，站在企业立场思考问题。有人曾经说过，一个人应该永远同时从事两个工作：一个是目前所从事的工作；另一个则是真正想做的工作。如果你能将该做的工作和想做的工作做得一样认真，那么你一定会成功，因为你在为未来做准备，你将最大限度地从企业获得报酬和利益。

从企业的角度出发，你就会成为一个值得信赖的人、一个老板不可或缺的人、一个高效能的人、一个将企业视为己有并尽职尽责完成工作的人，才会是一个真正高效的工作者，是终将会获得成功的人。

（2）主动和老板沟通。很多时候，沟通的不顺畅为我们带来许多不必要的麻烦。你不知道你的老板希望你做什么，不知道企业需要你成为怎样的员工。沉默不能带来顺畅的沟通，当然也无法提升你的工作效能。

老板的立场代表着公司的利益，你要学着从企业的角度看问题，就要主动找你的上司或老板，了解他们需要怎样的员工，他们最希望你做些什么。积极主动地改进你的工作，你会发现不仅是你的工作改变了，同事、上司、老板对你的看法也改变了，最后你离成功也更近了，对于老板也变得不可替代了。

有时，无须老板一而再、再而三地告诉你要做些什么，你可以主动调整你的工作，在完成本职工作的基础上，向更高的工作目标挑战，熟悉其他更多的工作。当你完全能够胜任更好的工作时，就获得了成功。当你的工作态度改变，你对于老板的重要性改变时，你就会像上文例子中的科比那样，登上自己事业的顶峰。

（3）坚持正确的事情。作为一名合格的老板，必须支持下属的工作，支持正确的事；作为一名高效能人士，更要敢于挑战权威，站在企业的立场，坚持正确的事情。员工对企业有承诺、有责任，面对企业的利益，任何坚持"正确的人"而非"正确的事"的行为都背离了正常做事的原则。

把握关键细节

看不到细节，或者不把细节当回事的人，对工作缺乏认真的态度，对事情只能是敷衍了事。这种人无法把工作当作一种乐趣，而只是当作一种不得不接受的苦役，因而在工作中缺乏热情。而考虑到细节、注重细节的人，不仅认真地对待工作，将小事做细，并且注重在做事的细节中找到机会，从而使自己走上成功之路。

莫奈曾经画过一幅描绘女修道院厨房的画。画面上正在工作的不是普通的人，而是天使。一个人正在架水壶烧水，一个人正优雅地提起水桶，另外一个人穿着厨衣，伸手去拿盘子——在常人看来最平凡、最细小的事，天使们却认为值得全神贯注地去做。

1. 把握关键细节

老子说过："天下难事，必做于易；天下大事，必做于细。"精辟地指出了我们要想成就一番事业，必须从简单的事情入手，从细微之处入手。同样，著名建筑大师密斯·凡德罗，在被要求用一句话来描述他成功的原因时，他概括说："魔鬼藏于细节。"他反复强调，如果对细节的把握不到位，无论你的建筑方案如何恢宏大气，都称不上是成功的作品。可见无论古今中外，细节成了所有成功人士所共同重视的关键。

任何人都不可否认的一个事实就是：最伟大的事物往往是由最细小的事物点点滴滴汇集而成的。同样，绝大多数人的成功也是把握了每一个关键细节，在做好每一件工作和生活中的小事后，一步步地走向成功的。

日本狮王牙刷公司的员工加藤信三就是一个很好的例子。有一天，加藤为了赶去上班，刷牙时急急忙忙，没想到牙龈出血。他为此大为恼火，上班的路上仍是非常气愤。

回到公司，加藤马上联系几个工作中要好的伙伴，相约一起合作解决牙刷容易导致牙龈出血的问题。

他们想了不少解决刷牙造成牙龈出血的办法，如果把牙刷毛改为柔软的狸毛；刷牙前先用热水把牙刷泡软，多用些牙膏，放慢刷牙速度等，但效果均不太理想。后来他们进一步仔细检查牙刷毛，在放大镜底下，他们发现刷毛顶端是四方形的。加藤想："把它改成圆形的不就行了！"于是他们着手改进牙刷。

经过实验取得成效后，加藤正式向公司提出了改变牙刷刷毛形状的建议，公司领导看后，也觉得这是一个特别好的建议，于是欣然的把全部牙刷毛的顶端改成了圆形。改进后的狮王牌牙刷在广告媒介的作用下，销路极好，销量直线上升，最后占到了全国同类产品的40%左右，加藤也由普通职员晋升为科长，十几年后成为公司的董事长。

牙刷不好用，在我们看来都是司空见惯的小事，所以很少有人想办法去解决这个问题，机遇也就从身边溜走了。而加藤不仅发现了这个小问题，而且对小问题进行细致的分析，从而使自己和所在的公司都取得了成功。

与加藤一样，罗瑞斯也是一位善于把握关键细节的人。

罗瑞斯曾是美国一家电力公司的一名速记员。尽管他的上司和同事均养成了偷懒的恶习，但罗瑞斯仍保持认真做事的良好习惯，重视每一项工作。

一天，上司让罗瑞斯替自己编一本公司总裁帕克先生前往欧洲用的密码电报书。罗瑞斯不像同事那样，随意地编几张纸完事，而是编成一本小巧的书，用打字机很清楚地打出来，然后又仔细地装订好。做好之后，上司便把这本书交给了帕克先生。

"这大概不是你做的吧？"帕克先生问。

"呃——不……是……"罗瑞斯的上司战栗地回答。帕克先生沉默了良久。

过了几天之后，罗瑞斯就代替了以前上司的职位。

希尔顿饭店的创始人、世界旅馆业之王康·尼·希尔顿也是一个注重"小事"的人。康·尼·希尔顿要求他的员工："大家牢记，万万不可把我们心里的愁云摆在脸上！无论饭店本身遭遇何等的困难，希尔顿服务员脸上的微笑永远是顾客的阳光。"正是因为这小小的，永远的微笑，才让希尔顿饭店的身影遍布世界各地。

一位知名企业家回顾自己曾在希尔顿饭店度过的一段美好时光时说："我曾在希尔顿饭店有过美好的经历。吃早餐的时候服务员给我送来了一个小点心。我问她，这中间红的是什么？服务员看了一眼，后退一步说，那是什么什么。我又问旁边那个黑黑的是什么。她又看了一眼，后退一步说，那是什么什么。她为什么后退一步？是为了避免她的唾沫溅到我的点心上。"或许大家都有过这样的经历，只是觉得很正常而忽略过去了。但我觉得这些看起来是很小的事，却体现出很深刻的道理。如果那个服务员没有一种时时刻刻注重"小事"的习惯，她能表现得这样尽职尽责吗？

2. 做小事，成大事

把握关键细节是高效能人士的一项重要习惯。做好小事方能成就大事，如果你想在工作中成就一番事业，就应当注意从小事入手，做好每一个细节。

（1）处处留心信息。现在是高资讯社会，信息对于一个人的决策至关重要。对公司老板而言，由于处理事务的层面较多，欠缺了许多第一手材料，这时候往往需要员工的查漏补缺，及时反馈有效的信息。所以，不要因为自己职低位卑，就觉得那些只是属于决策层的事，与你无关，不用你去操心。往往正是这些被疏忽的小细节影响着公司的进一步发展。

（2）尽忠职守。高效能人士应当尽职尽责，尽忠职守，将自己岗位上的每一件事都做得非常出色。

石油大王洛克菲勒刚参加工作时，因为学历不高，又没有什么特别的技术，所以他在公司做的工作连小孩都能胜任，就是巡视并确认石油罐盖有没有自动焊接好。他发现罐子旋转一次，焊接剂滴落39滴，焊接工作便结束。就这样一件小事，却促发他产生了能否对焊接技术加以改善的思考。一次，他突然想：如果能将焊接剂减少一两滴，是不是能够节约成本？

经过一番研究，洛克菲勒终于研制出"37滴型"的焊接机。但是，利用这种机器焊接出来的石油罐偶尔会漏油，并不实用。他不灰心，又研制出"38滴型"的焊接机。这次的发明非常完美，公司对他的评价很高。不久便生产出这种机器，改用新的焊接方式。

虽然节省的只是一滴焊接剂，但这"一滴"却替公司带来了每年5亿美元的新利润。

"改良焊接剂"改变了洛克菲勒的人生。他成功的关键在于：普通人工作时往往会忽略的平凡小事，而他却特别注意。

（3）从大处着眼，小处着手。一些管理者认为：企业的高层经营管理者不应管细节问题，而只需把握企业的主干——生产、经营和销售等方面的大原则就可以了，各种具体的细节问题应完全放手让部属去干。其实这是一种欠缺的管理方法，卓越管理者从来不会对细节问题撒手不顾，反而在适当之时会对它追根究底。

日本松下电器公司的创始人松下幸之助就是一个杰出的管理者。他的一位行政主管说过："在松下公司由松下先生亲自负责解决的问题——有许多是小问题——比其他任何一家大公司都要多。"也许有人要说这种管理方法太婆婆妈妈了，其实不然。正是由于松下先生对"确凿事实"持之以恒的追求、严谨的工作作风和细致的办事原则，才使该公司的销售额与资产的比率一直稳步上升。这些功绩虽然得靠全体员工的共同努力，但在相当程度上得益于松下先生严谨细致的管理方法。他不仅把公司规模扩大了10倍，而且把它变成了一台协调有效的机器。

管理者对待员工最有效的方法是笼络住他们的心，因为员工的忠诚和主动是企业生存和发展的关键，而使员工对企业充分信任，只要从一件小事开始就可以了。大多数的时候，一句话就足以获得员工对企业的一颗真心和忠诚。

总之，一名高效能人士要想把每一件事情做到无懈可击，就必须从小事做起，付出你的热情和努力。如果能很好地完成这些小事，将来肯定能成为军队中的将领、饭店的总经理、公司的老总。反之，如果对此感到乏味、厌倦不已，始终提不起精神，或者因此敷衍应付差事，勉强应对工作，将一切都推到"英雄无用武之地"的借口上，那么你现在的位置也会岌岌可危。在小事上都不能胜任的员工，谈何在大事业上大显身手？

做好细节需要我们记住"从大处着眼，小处着手"的原则。尽管我们看问题必须站得高看得远，但现实中的事情都是一件件的小事情累积起来的，只有你把一点一滴都做好了，大的工作自然也就随之完成了。

有效沟通

有效沟通是高效能人士的一项重要的能力，提高沟通能力主要有两方面：一是提高理解别人的能力，二是增加别人理解自己的可能性。

人与人交往需要沟通，在公司内，无论是员工与员工、员工与上司、员工与客户都需要沟通。良好的沟通能力是工作中不可缺少的，一个高效能人士绝不会是一个性格孤僻的人；相反，他应当是一个能设身处地为别人着想、充分理解对方、不以针锋相对的形式对待他人的人。

在有效地沟通中我们可以得到很多工作之外的东西。例如，在沟通中，我们除了和大家一起工作外，还可以和大家一起去参加各种活动，或者礼貌地关心一下他人的生活。我们可以使每个人觉得，我们不仅是工作上的好搭档，在工作之外也是好朋友。

在一个团队中，沟通应当遵循简单的原则，人与人之间的沟通应直截了当，心里想到什么就说什么，不要把简单的问题复杂化，这样可以减少沟通中的误会。言不由衷，会浪费了大家的宝贵时间；瞻前顾后，生怕说错话，会变成谨小慎微的懦夫；更糟糕的是还有些人，当面不说，背后乱讲，这样对他人和自己都毫无益处，最后只能是破坏了集体的团结。正确的方式是提供有建设性的正面意见，在开始讨论问题时，任何人先不要拒人千里之外，大家把想法都摆在桌面上来，充分表达自己的观点，这样才会有一个综合、容纳大部分人意见的结论。

沟通对于整个团队工作效能的提升十分重要。如果员工之间处于一种无序和不协调的状态之中，双方之间互相推诿责任以致使各种力量被互相抵消，"既然我做不成，那么我也不让你做成"，这样的内耗既消耗了别人的力量，也消耗了自己的实力。在这种团队之中也不可能出现什么高效能人士。我们要实现双方的合作关系，就必须杜绝自己有上述想法或行为出现，争取在不损害自己利益的基础上也充分保证对方的利益。

1. 谈论别人感兴趣的话题

一个高效能人士应当具备出色的沟通能力，为此，他必须是一个"话题高手"，善于谈论他人感兴趣的话题。

凡拜访过罗斯福的人都很惊叹他知识的渊博。"无论是牧童、野骑者、纽约政客，或外交家"，布莱特福写道："罗斯福都知道同他谈什么。"

他是怎么做的呢？

答案极为简单。

无论什么时候，罗斯福每接待一位来访者，他会在前一个晚上迟一点睡觉，以便阅读客人特别感兴趣的话题。

因为罗斯福同所有的领袖一样，知道赢得人心的秘诀，就是与他谈论他最感兴趣的事情。

曾任教哈佛大学的鲁克教授早年就得到这方面的经验。

"我 8 岁时，在一个周末去拜访住在附近的姑母，并在她家度过假期。"鲁克教授在他的一篇文章中写道："一天晚上，一个中年人来拜访，与姑母寒暄之后，他的注意力集中到我身上。那时候，我正对船感兴趣，这位客人对这个话题似乎特别感兴趣。他走后，我非常高兴地谈论他，说他是多么好的一个人，对船多么感兴趣。我的姑母告诉我说，他是一位纽约律师；平常，他对船的事情毫不关心，对于船的问题也毫无兴趣。但为什么他始终谈论船的事呢？"

"因为他是一个聪明的人。他见你对船感兴趣，他知道谈论船能使你高兴，同时也使他自己成为受欢迎的人。"姑母说。

鲁克说："我永远不会忘记我姑母的话。"

约克是某食品公司的业务员，他在一段时期里曾想要将面包卖给纽约一家酒店。

4 年来，每个星期他都去拜访经理，他甚至还在这家旅馆开了房，住在那里，以便得到生意，但他失败了。

后来，约克说："在研究人际关系之后，我决定改变策略。我决定找出这个人感兴趣的是什么，什么会引起他的热心。"

我发现他是美国旅馆服务员协会的会员。他不但是会员，由于他的热心，他现在是该会的会长和国际服务员协会的会长。不论在什么地方举行大会，他都会飞过崇山峻岭，越过沙漠、大海，参加大会。

所以，第二天见到他的时候，我首先开始谈论关于服务员协会的事。我得到多么好的反应——他对我讲了半个小时关于服务员协会的事，他的声音有力、高亢，我可以清楚地看出这确实是他的业余爱好，是他生活中的热情所在。在我离开他的办公室之前，他劝我加入该协会。

这个时候，我仍然没有提任何关于面包的事。但几天后，他旅馆的主管打电话要我带着货样和价目单去。

"我不知道你对那位老先生做了些什么，"主管对我说，"但他真的被你搔到痒处了。"

"想一想我对这人紧追了4年——费力得到他的生意，我如果没有最后费劲儿去找出他感兴趣的、他喜欢谈的，我还要死追，不知道追多少年才能成功。"约克说。

所以，如果我们想在沟通中更好地影响他人，就应当养成谈论他人感兴趣的话题这个好习惯。

2. 做好面对面沟通

面对面的沟通是最亲切、最有效的交流方式。通过面对面的交流，你可以直接感受到对方的心理变化，在第一时间正确地了解对方的真实想法，从而达到快速有效地沟通。因此，每一位高效能人士都应该学会面对面与别人交流的技能。

道纳森公司是一家生产诸如铜制螺旋桨叶片和齿轮箱的普通

产品的企业，其产品主要满足汽车和拖拉机行业普通二级市场的需要。麦迪逊接任公司总经理后，他做的第一件事就是废除原来厚达 57 厘米的政策指南，取而代之的是只有一页篇幅的宗旨陈述。其中有一项是：面对面的交流是联系员工、保持信任和激发热情的最有效的手段。关键是要让员工们知道并与之讨论企业的全部经营状况。

麦迪逊非常注重面对面的交流，强调同一切人当面讨论一切问题。他要求各部门的管理机构和本部门的所有成员之间每月举行一次面对面的会议，直接而具体地讨论公司每一项工作的细节情况。麦迪逊还非常注重员工培训工作和不断地自我完善，仅在道纳森大学，就有他的数千名员工在那里学习，他们的课程都是务实和实用的，但同时也强调人的信念，许多课程都由老资格的公司总经理讲授。在他看来，没有哪个职位能比道纳森大学董事会的董事更令人尊敬的了。

麦迪逊掌管道纳森公司的几年里，在并无大规模资本开支的情况下，它的员工人均销售额已猛增了 3 倍，一跃成为《幸福》杂志按投资总收益排列的 500 家公司中的第 2 位。这对于一个身处如此乏味的行业的大企业来说，的确是一个非凡的纪录。

成功学大师拿破仑·希尔认为，高效的沟通者在与人面对面沟通时应当采取的策略为：

策略一：80% 的时间倾听，20% 的时间说话。

一般人在倾听时常常出现以下情况：（1）很容易打断对方讲

话；（2）发出认同对方的"嗯……""是……"等一类的声音。较佳的倾听却是完全没有声音，而且不打断对方讲话，两眼注视对方，等到对方停止发言时，再发表自己的意见。而更加理想的情况是让对方不断地发言，越保持倾听，你就越握有控制权。

在沟通过程中，20%的说话时间中，问问题的时间又占了80%。问的问题越简单越好，是非型问题是最好的。以自在的态度、缓和的语调说话，一般人更容易接受。

策略二：沟通中不要指出对方的错误，即使对方是错误的。

你沟通的目的不是去证明对方是错的。生活中我们常常发现，很多人在沟通过程中不断证明自己是对的，但却十分不得人缘；沟通天才认为事情无所谓对错，只有适合还是不适合你而已。

所以，如果不赞同对方的想法时，不妨还是仔细听听他话中的真正意思。若要表达不同的意见时，切记不要说："你这样说是没错，但我认为……"而最好说："我很感激你的意见，我觉得这样非常好，同时，我有另一种看法，不知道你认为如何？""我赞同你的观点，同时……"要不断赞同对方的观点，然后再说"同时……"，而不说"可是……""但是……"。

一个沟通高手都有方法进入别人的频道，让别人喜欢他，从而博得信任，表达的意见也容易被别人采纳。

策略三：高效能人士善于运用沟通三大要素。

人与人面对面沟通的三大要素是文字、声音以及肢体动作；经过行为科学家60年的研究发现，面对面沟通时三大要素影响力的比率是文字7%，声音38%，肢体语言55%。

一般人与人面对面沟通时，常常强调讲话内容，却忽视了声音和肢体语言的重要性。其实，沟通便是要努力和对方达到一致性以及进入别人的频道，也就是你的声音和肢体语言要让对方感觉到你所讲和所想的十分一致，否则对方无法收到正确的信息。

3. 提高沟通能力的 5 个步骤

高效沟通是高效能人士的一项重要的能力，提高沟通能力主要有两方面：一是提高理解别人的能力；二是增加别人理解自己的可能性。那么究竟怎样才能提高自己的沟通能力呢？心理学家经过研究，提出了一个提高沟通能力的一般程序。

（1）明确沟通对象。这一步很重要。你可以认真地想一想，在你的工作和生活中，你可能会在哪些情境中与人沟通，比如学校、家庭、工作单位、聚会以及日常的各种与人打交道的情境。想一想，你都需要与哪些人沟通，比如朋友、父母、同学、配偶、亲戚、领导、邻居、陌生人等。开列清单的目的是使自己清楚沟通范围和对象，以便全面地提高自己的沟通能力。

（2）改善沟通状况。明确好自己的沟通状况之后，可以问自己下面几个问题，了解自己该从哪些方面去改善自己的沟通状况：

对哪些情境的沟通感到愉快？

对哪些情境的沟通感到有心理压力？

最愿意与谁保持沟通？

最不喜欢与谁沟通？

是否经常与多数人保持愉快的沟通？

是否常感到自己的意思没有说清楚？

是否常误解别人，事后才发觉自己错了？

是否与朋友保持经常性的联系？

是否经常懒得给人写信或打电话？

……

客观、认真地回答上述问题，有助于你了解自己在哪些情境中、与哪些人的沟通状况较为理想，在哪些情境中、与哪些人的沟通需要着力改善。

（3）优化沟通方式。在这一步中，我们可以通过下面几个问题，看一看自己的沟通方式存在哪些需要改善的地方：

通常情况下，自己是主动与别人沟通还是被动沟通？

在与别人沟通时，自己的注意力是否集中？

在表达自己的意图时，信息是否充分？

主动沟通者与被动沟通者的沟通状况往往有明显差异。研究表明，主动沟通者更容易与别人建立并维持广泛的人际关系，更有可能在人际关系交往中获得成功。

沟通时保持高度的注意力，有助于了解对方的心理状态，并能够较好地根据反馈来调节自己的沟通过程。没有人喜欢自己的谈话对象总是左顾右盼、心不在焉。

在表达自己的意图时，一定要注意使自己被人充分理解。沟通时的言语、动作等信息如果不充分，则不能明确地表达自己的意思；如果信息量过多，出现冗余，也会引起信息接受方的不舒服。最常见的例子就是：你一不小心踩了别人的脚，那么一声"对不起"就足以表达你的歉意，如果你还继续说："我不是有意的，别人挤了我一下，我又不知怎的就站不稳了……"这样啰唆反倒令人反感。因此，信息充分而又无冗余是最佳的沟通方式。

（4）做好计划。通过上面几个步骤，你可以发现自己在哪些方面存在不足，从而确定在哪些方面重点改进。比如，沟通范围狭窄，则需要扩大沟通范围；忽略了与友人的联系，则需要写信、打电话；沟通主动性不够，则需要积极主动地与人沟通等。把这些制成一个循序渐进的沟通计划，然后把自己的计划付诸行动，体现在具体的生活小事中。比如，觉得自己的沟通范围狭窄，主动性不够，你可以规定自己在每周与两个素不相识的人打招呼，如问路、说说天气等。不必害羞，没有人会取笑你的主动；相反，对方可能还会欣赏你的勇气呢！

在制订和执行计划时，要注意小步子的原则，不要对自己提出太高的要求，以免实现不了，反而挫伤自己的积极性。小要求实现并巩固之后，再对自己提出更高的要求。

（5）控制自己的沟通。这一步至关重要。任何行为如果控制不好，就可能适得其反。因此，如果想要提高自己的沟通能力，最好是对自己进行监督，如用日记、图表记录自己的发展状况，并评价与分析自己的感受。

另外，我们在执行计划时要对自己充满信心，坚信自己能够成功。一个人能够做的，比他已经做的和相信自己能够做的要多得多。

高效地搜集并消化信息

当今世界是一个以大量资讯作为基础来开展工作的社会。在商业竞争中，对市场信息尤其是市场关键信息把握的及时性与准确性，对竞争的成败有着特殊的意义。

因此，对于一名高效能人士来说，行业的最新动态、市场现状与发展趋势、相关领域最新技术的动向、交易前沿的最新情况、企业内部其他部门相应的工作进度等资讯，他都必须要设法了解。

缺乏所需要的信息情报，工作就难以进行下去。例如，我们在制订计划时，只有尽可能多地拥有信息情报，才能更大程度地使计划完备周详，使可能出现的纰漏降到最小。

另外，在现代职场中，公司内部员工之间的竞争也是越来越激烈。及时、准确地掌握信息时，对赢得竞争也十分重要。信息就是资历，信息就是竞争力，一个人如果能及时掌握准确而又全面的信息，他就等于掌握了竞争的主动权。

但是我们在工作中面临的一个现实是：一方面知识更新速度很快，社会资讯泛滥，到处充斥着这样那样的信息；另一方面，总是感觉到工作上所需要的资讯相对难求。有些企业，尤其是大型企业对资讯的收集、管理和使用都比较混乱，没有一套系统的方法，以致虽然有时候获取了很好的情报，但由于错过了最佳使用时机而失去了其应有的价值。

一个高效能人士应当养成高效地搜集并消化信息的习惯。当你真的感到自己在工作时缺乏信息，不要像有的员工那样，抱怨

"公司的资讯没能很好地流通，我得不到应有的信息支持"。因为说出这样的话，就表示你没有主动地去搜集资讯信息，而是坐在那里被动地等待别人来提供信息给你。当你确实需要资讯时，必须主动地去搜集。

1. 善于捕捉有用信息

在信息社会，每一个人都在扮演着两个基本角色，即信息传递者和信息接受者。信息就像人们讲"吃过了吗""吃过了"之类的寒暄话一样自然而平常。但在这自然而平常之中，却有着许许多多的道理和学问，关键就看你能否捕捉和善用信息。

职场中总有些人不去自动自发地搜集信息，而只是坐在那里等着信息传达到他们手上。持这种守株待兔的态度，是无法成为一名善于搜集并消化信息的高效能人士的。

要学会捕捉有用的信息，就应该注意搜集、发现和开发信息。

上海的一家食品制造企业，因信息不畅而举步维艰。他们投入资金请一位知名的咨询专家王博士为他们提供能够使企业获得发展的市场信息。

王博士接受委托后，立即着手对当地的垃圾进行研究。这在一般人看来与信息毫无关联，但王博士就是在垃圾堆里为这个企业找到了有用的信息。

王博士对当地的垃圾进行了较长时间的分析研究。他与助手一道，从每天收集上来的垃圾堆中挑出数袋，然后把垃圾的内容依其原产品的名称、重量、数量，包括形式等予以分类，如此反复，进行了近一年的研究分析。

王博士说："垃圾绝不会说谎和弄虚作假，查看人们所丢失的垃圾，往往是比调查市场更有效的一种行销研究方法。"他通过对垃圾的研究，获得了当地食品消费情况的相关信息：

比如，劳动者阶层所喝的进口啤酒没收入高的阶层多，并知道所喝啤酒中各种牌子的比例；中等阶层人士比其他阶层消费的食物更多，因为双职工家庭都上班而没有时间处理剩余的食物。

王博士还通过对垃圾内容的分析，准确地了解到人们消费各种食物的情况，并得知减肥清凉饮料与压榨的橘子汁属于高阶层人士的消费品。

后来，这家企业根据王博士所提供的信息制订经营决策，组织生产，结果大获成功。

2. 对事物保持敏感

一个高效能人士应当对事物保持敏感，这样才能在信息社会中赢得主动。事实证明，那些事业上成功的人，往往对任何事情都抱有好奇心，在搜集信息时，也自然能对事物保持一定的敏感度，以便能够捕捉到对自己有用的信息。

李科曾是南方一家公司的小职员，平时的工作是为老板干一些文书工作、跑跑腿、整理整理报刊材料。这份工作很辛苦，薪水又不高，他时刻琢磨着想个办法赚大钱。

有一天，他从报纸上看到一篇介绍美国商店情况的专题报道，其中有一段提到了自动售货机。上面写道："现在美国各地都在大量采用自动售货机来销售货品，这种售货机不需要雇人看守，一天24小时可随时供应商品，而且在任何地方都可以营业，给人们带来了许多方便。可以预料，随着时代的进步，这种新的售货方法会越来越普及，必将被广大的商业企业所采用，消费者也会很快地接受这种方式，这种售货机前途一片光明。"

李科开始在这上面动脑筋，他想："现在自己所处的地区还没有一家公司经营这个项目，可将来也必然会迈入一个自动售货的时代。这项生意对于没有什么本钱的人最合适。我何不趁此机去钻这个冷门，经营此新行业？至于售货机里的商品，应该放一些快速消费品。"

于是，他就向朋友和亲戚借钱购买自动售货机，共筹到了30万元，这笔钱对于一个小职员来说可不是一个小数目。他以一台1.5万元的价格买下了20台自动售货机，设置在酒吧、剧院、车站等一些公共场所，把一些日用百货、饮料、酒类、报纸杂志等放入其中，开始了他的新事业。

李科的这一举措，果然给他带来了大量的财富。当地的人们第一次见到公共场所的自动售货机时，感到很新鲜，因为只需要往里投入硬币，售货机就会自动打开，送出你所需要的东西。一般一台售货机只放入一种商品，顾客可按照需要从不同的售货机里买到不同的商品，非常方便。李科的自动售货机第一个月就为他赚到10多万元。他再把每个月赚的钱投资于自动售货机上，扩大经营规模。5个月后，李科不仅连本带利还清了借款，而且还净赚了近100万元。

正是一条有用的信息造就了一位新富翁。信息时代，这样的富翁不只李科一个。因此，我们应当时刻保持对信息的敏感，只有这样才能时刻领先别人一步，成为一名善于把握信息的高效能人士。

3. 培养搜集信息的好习惯

高效能人士应当养成高效地搜集并消化信息的好习惯，那么，我们应当从哪些方面着手培养这些好习惯呢？

（1）主动去关心信息。高效能人士应当主动去"关心"信息，因为这是搜集信息的一个好方法。例如，在大街上，当你听到消防车喇叭声大作时，你会问："哪里失火了？哪里出现了紧急情况吗？"只有主动询问，你才能立刻了解到哪里出现了事故。当看到街上围了一大群人，你要走上前挤进去，才能看得见那里发生了什么事。因为，要掌握一件事情的真相，光有好奇心是不够的，还要尽可能地亲身经历或亲眼所见。要搜集资讯，就必须抢先获取第一手资料。

当然，我们还应当培养自己判断信息价值的能力，这样才能在浩如烟海的信息世界里找到对自己有用的信息。

（2）建立个人信息网络。建立个人信息网络的重要性在于，当你想要哪一类资讯时，你可以立刻找到能提供这方面信息的人；当你想得到最具权威性的资料时，马上有人为你提供最为科学的建议。怎样来建立你的信息网呢？可以先以你的知交良朋、校友、同事、上各类培训班时认识的学员、同行业里认识的朋友为基础，逐渐扩大你的信息网络。若善加利用网络，这个网络将是你一生中最为宝贵的财富之一。

（3）要善于"套"情报。用对信息的保密程度来划分，人不外乎两类：缄默型和主动传播型。当知道一项内部资讯时，主动传播型的人，不用你去问，他就会跑来告诉你整个事情的始末，并且会添油加醋；而缄默型，则会三缄其口，不随意传话。

对缄默型的人，你要想办法从他们的嘴里"套"出话来。你不能开门见山，要旁敲侧击。而对主动传播型，无论他说给你什么，你都要很有兴趣地听完它，而不要对自认为有价值的就认真听，觉得没用的就提不起精神。否则，以后他就不会再告诉你什么东西了。

（4）不要随便传播所得情报。一般来说，对方在信任你的情况下，才会告诉你内部参考、内幕消息和独家机密，而且他们往往都会叮嘱你"千万不要告诉别人"。如果你把这些别人告诉你的事情随便告诉了其他人，一旦传到了当初告诉你的那个人耳中后，以后你再也不能从他那里得到什么有价值的资讯了。

第二节　成就一生的习惯

珍惜每一分钟

在美国近代企业界里，与人接洽生意能以最少时间产生最大效率的人，非金融大王摩根莫属。

摩根每天上午9点30分准时进入办公室，下午5点回家。有人对摩根的资本进行了计算后说，他每分钟的收入是20美元，但摩根说好像不止这些。所以，除了与生意上有特别关系的人商谈外，他与人谈话绝不超过5分钟。

通常，摩根总是在一间很大的办公室里，与许多员工一起工作，他不是一个人待在房间里工作。摩根会随时指挥他手下的员工按照他的计划去行事。如果你走进他那间大办公室，是很容易见到他的，但如果你没有重要的事情，他是绝对不会欢迎你的。

摩根能够轻易地判断出一个人来接洽的到底是什么事情。当你对他说话时，一切转弯抹角的方法都会失去效力，他能够立刻判断出你的真实意图。这种卓越的判断力使摩根节省了许多宝贵的时间。有些人本来就没有什么重要事情需要接洽，只是想找个人来聊天，而耗费了工作繁忙的人许多重要的时间。摩根对这种人简直是恨之入骨。

每一个成功者都非常珍惜自己的时间。无论是老板还是打工族，一个做事有计划的人总是能判断自己面对的顾客在生意上的价值，如果有很多不必要的废话，他们就会想出一个收场的办法。同时，他们也绝对不会在别人上班的时间，去海阔天空地谈些与工作无关的话题，因为这样做实际上是在妨碍别人的工作，浪费别人的生命。

浪费时间就是挥霍生命

一位作家在谈到"浪费生命"时说："如果一个人不争分夺秒、惜时如金，那么他就没有奉行节俭的生活原则，也不会获得巨大的成功。而任何伟大的人都争分夺秒、惜时如金。"

"浪费时间是生命中最大的错误，也最具毁灭性的力量。大量的机遇就蕴含在点点滴滴的时间之中。浪费时间是多么能毁灭一个人的希望和雄心啊！它往往是绝望的开始，也是幸福生活的扼杀者。年轻生命最伟大的发现就在于时间的价值……明天的财富就寄寓在今天的时间之中。"

人人都须懂得时间的宝贵，"光阴一去不复返"。当你踏入社会开始工作的时候，一定是浑身充满干劲儿的。你应该把这种干劲儿全部用在事业上，无论你做什么职业，你都要努力工作、刻苦经营。如果能一直坚持这样做，这种习惯一定会给你带来丰硕的成果。

歌德这样说："你最适合站在哪里，你就应该站在哪里。"这句话算是对那些三心二意者的最好忠告。

明智而节俭的人不会浪费时间，他们把点点滴滴的时间都看成是浪费不起的珍贵财富，把人的精力和体力看成是上天赐予的珍贵礼物，它们如此神圣，绝不能胡乱地浪费掉。

无论是谁，如果不趁年富力强的黄金时代去培养自己善于集中精力的好性格，那么他以后一定不会有什么大成就。世界上最大的浪费，就是把一个人宝贵的精力无谓地分散到许多不同的事情上。一个人的时间有限、能力有限、资源有限，想要样样都精、门门都通，绝不可能办到，如果你想在某些方面取得一定成就，就一定要牢记这条法则。

学做时间的主人

许多人日复一日花费大量的时间去做一些与他们梦想不相干的事情。不要成为他们中的一分子，让你生命中的每个日子都值得"计算"，而不要只是"计算"着过日子。

一个人真正拥有而且极度需要的只有时间。其他的事物多多少少都部分或曾经为他人所拥有。像你呼吸的空气、在地球上占有的空间、走过的土地、拥有的财产等，都只是短时间拥有。时间如此重要，但仍有很多人随意浪费掉他们宝贵的时间。

太多人浪费 80％的时间在那些只能创造出 20％成功机会的人身上；雇主花费太多时间在那些最容易出问题的 20％的人身上；经纪人花费太多时间在不按时参加演出工作的演员或模特儿身上；政治家花费多数时间为 20％的有问题或就是问题本身的人运作议事，而那些人甚至不是当初投票给他们的选民。玛丽·露丝在《节约时间与创意人生》一文中写道："我的工作有一部分是市场咨询，常常要和人们讨论如何建立事业。我通常会建议他们，可以自由运用自己的时间，但最重要的时间应该优先留给那些帮助自己建立事业、认真想成功和愿意协助自己达到成功的人身上。"

尽可能避免不必要的电话和约会，特别在你一天中效率最高的时段。节省其他的时间，优先处理那些能帮助你达成目标和梦想的工作和约会。

十大无效的时间运用

如果你已抛开了低价值的活动，你的时间就一定会花在高价值的活动上（无论是为了成就或者让自己开心）。希望你先认识清楚哪些是把时间吃掉的低价值事务。以下列出最常见的 10 项，以防你有所疏漏。

（1）别人希望你做的事。

（2）老是以同样方式完成的事。

（3）你不擅长的事。

（4）做时无乐趣可言的事。

（5）总是被打断的事。

（6）别人也不感兴趣的事。

（7）如你所料已经花了两倍时间的事。

（8）合作者不可信赖或没有品质保障的事。

（9）可预期进行过程的事。

（10）接电话。

果断抛开这些事，绝不要让每一个人占用你的时间。不要因别人开口要求，或接到一通电话或传真就去做某件事。该说"不"时就要说"不"。

提高时间效率的方法

把所有的时间都看作是有用的。尽量从每一分钟里得到满足，这种满足是多方面的，它不仅包括取得一定的成就，也包括从消遣中得到的快乐，等等。

尽量在工作中以苦为乐，要善于在枯燥无味的工作中发现能够引起自己极大兴趣的因素，这样可以大幅度地提高工作效率，从而大大节约时间。

作为一个终生乐观者，尽量把烦恼和忧愁从自己的心中排除出去，这样就可以做到每一分钟都过得有意义、有价值。

在工作中一定要寻求取得成功的有效途径，把所做的一切工作都建立在期望成功的基础上。

不要在惋惜失败上浪费时间。如果经常因为某些事情的失败而惋惜，这本身就是浪费时间，而且还会造成心理上的压力。

下列提高时间效率的方法你做得如何？

（1）既往不悔，即使做错了也不后悔。经常悔恨以前所做过的事情会浪费许多时间，所以从时间这个角度来看，任何懊悔都是不必要的。

（2）充足的时间应用在最重要的事情上面。这是节约时间的诀窍，如果常常在不重要的事情上纠缠，就难以达到节约时间的目的。

（3）经常掌握一些新的节约时间的技巧。对这些新的节约时间的技巧应尽快熟知并加以利用。

（4）每天要早起，这样坚持下去就可以节约许多的时间。

（5）午餐要适量。午餐不可吃得太饱。否则到下午容易打瞌睡，工作效率就会降低。而工作效率的降低本身就是浪费时间。

（6）要学会浏览报纸，不能事无巨细地全部看完，这样会浪费时间。

（7）要掌握快速读书的方法，从而获得书中最主要的观点和内容的满足。

（8）不要花过多的时间在电视上，只要看一看有关新闻和关于业务方面的节目即可。

（9）尽量让家与公司之间的距离短一些。这样，在上班时就能够在很短的时间内到达办公室，下班时也能用很短的时间回到家，把浪费在上下班路上的时间降到最低限度。

（10）对自己的习惯要经常进行反省，好的保留，不好的坚决改掉。

（11）别空等时间。假如必须花费时间进行等待，如等车、等电话等，应当把等待当作是构想下一步工作计划的良机，或者用它来看书看报。

（12）把表拨快5分钟，每天提早开始工作。

（13）口袋里经常装有空白卡片，以便随时记下各种有价值的资料，以备使用。这样可以节约大量的翻阅报刊的时间。

（14）每月修正一次生活计划，删除那些无甚意义的内容。

（15）每天阅读一次当天的计划表，并确定当天的工作内容，以便使当天的活动有条不紊地进行。

（16）把所要完成的工作写成一句话贴在办公室里，以便提醒自己。

（17）在处理小事情的同时，要把重要的工作、目标记在心中，并善于在处理这些小事情中发现能够促成重要工作目标迅速实现的重要线索。

（18）早上上班后的首件事，就是排列好当天工作的先后轻重次序。

（19）按照事先排列的次序制成一张表，把重要的工作放在最前面，并尽快去完成。

（20）在每月制订计划时要有弹性，最好在计划中留出空余时间，以便应付紧急情况。

（21）在完成重要工作项目以后，要进行适当的休息，以求得工作和休息的平衡。

（22）首先去做应最优先的事项。

（23）对难度较大的工作要智取，不要蛮干。

（24）先做重要事项，后做次要事项。

（25）对哪些事情应列为优先事项，要有信心作出精确的判断。而且，要不畏困难，坚持到底。

（26）经常问问自己："若做这些事情，会不会产生效果？"如果不会，就干脆不做。

（27）一次最好只专心致力于一件事。

（28）自己感到马上可以取得成功时，就加紧做，不要耽误。

（29）要养成逐条检查日常工作计划表的习惯，看看是否有意跳过了困难的项目。

（30）制定文件时不要怕花费时间，一定要深思熟虑。

（31）在精力最佳的上午独立投入工作。

（32）对自己的每一项工作都要确定完成的期限，要尽可能在期限内把它完成，绝不可以超过期限。

（33）在讨论问题和听演讲时，一定要专心听讲，以免事后再花费时间找人解释。

（34）不浪费别人的时间，浪费别人的时间就等于谋财害命。

（35）尽可能把一些不重要的琐事委托给你的下属去办。

（36）碰到专业性很强的问题时，一定要请专家帮忙。因为你在两三天中弄不清楚的问题，专家会在一两个小时内甚至几分钟就能帮助你弄清楚。

（37）如果担当重要职务，最好学会分身，请专人为你管理信件、电话和处理琐事。

（38）尽量减少对公文的批阅，那些不重要和毫无价值的公文可交给下属批办。

（39）把回复各种问题的答案都写在文件上，有人来问时，把文件交给他看，从而避免谈话时可能造成的时间过长问题。

（40）要把主要的工作项目摆在办公桌的桌面上。

（41）各种常用或不常用的物品要各有位置，这样可以避免在寻找时浪费太多时间。

不轻言放弃

　　希拉斯·菲尔德先生退休的时候已经积攒了一大笔钱，然而他忽发奇想，想在大西洋的海底铺设一条连接欧洲和美国的电缆。随后，他就开始全身心地推动这项事业。前期基础性的工作包括建造一条 1000 英里长、从纽约到纽芬兰圣约翰的电报线路。纽芬兰 400 英里长的电报线路要从人迹罕至的森林中穿过，所以，要完成这项工作不仅包括建一条电报线路，还包括建同样长的一条公路。此外，还包括穿越布雷顿角全岛共 440 英里长的线路，再加上铺设跨越圣劳伦斯海峡的电缆，整个工程十分浩大。

　　菲尔德使尽浑身解数，总算从英国政府那里得到了资助。然而，他的方案在议会上遭到了强烈的反对，在上院仅以一票的优势获得多数通过。随后，菲尔德的铺设工作就开始了。电缆一头搁在停泊于塞巴斯托波尔港的英国旗舰"阿伽门农"号上，另一头放在美国海军新造的豪华护卫舰"尼亚加拉"号上，不过就在电缆铺设到 5 英里的时候，它突然被卷到机器里面，被弄断了。

　　菲尔德不甘心，进行了第二次试验。在这次试验中，在铺到 200 英里长的时候，电流突然中断了，船上的人们在甲板上焦急地踱来踱去。就在菲尔德先生即将命令割断电缆、放弃这次试验时，电流突然又神奇地出现了，一如它神奇地消失一样。夜间，船以每小时 4 英里的速度缓缓航行，电缆的铺设也以每小时 4 英里的速度进行。这时，轮船突然发生了一次严重倾斜，制动器紧急制动，不巧又割断了电缆。

但菲尔德并不是一个容易放弃的人。他又订购了 700 英里的电缆，而且还聘请了一个专家，请他设计一台更好的机器，以完成这么长的铺设任务。后来，英美两国的科学家联手把机器赶制出来。最终，两艘军舰在大西洋上会合了，电缆也接上了头；随后，两艘船继续航行，一艘驶向爱尔兰，另一艘驶向纽芬兰，结果它们都把电线用完了。两艘船分开不到 3 英里，电缆又断开了；再次接上后，两艘船继续航行，到了相隔 8 英里的时候，电流又没有了。电缆第三次接上后，铺了 200 英里，在距离"阿伽门农"号 20 英尺处又断开了，两艘船最后不得不返回到爱尔兰海岸。

参与此事的很多人都泄了气，公众舆论也对此流露出怀疑的态度，投资者也对这一项目没有了信心，不愿再投资。这时候，如果不是菲尔德先生，不是他百折不挠的精神，还有他天才的说服力，这一项目很可能就此放弃了。菲尔德继续为此日夜操劳，甚至到了废寝忘食的地步，他绝不甘心失败。

于是，第三次尝试又开始了。这次总算一切顺利，全部电缆铺设完毕，而且没有任何中断，几条消息也通过这条漫长的海底电缆发送了出去，一切似乎就要大功告成了，但突然电流又中断了。

这时候，除了菲尔德和他的一两个朋友外，几乎没有人不感到绝望。但菲尔德仍然坚持不懈地努力，他最终又找到了投资人，开始了新的尝试。他们买来了质量更好的电缆，这次执行铺设任务的是"大东方"号，它缓缓驶向大洋，一路把电缆铺设下去。一切都很顺利，但最后在铺设横跨纽芬兰 600 英里电缆线路时，电缆突然又折断了，掉入了海底。他们打捞了几次，都没有成功。

于是，这项工作就耽搁了下来，而且一搁就是一年。

所有这一切困难都没有吓倒菲尔德。他又组建了一个新的公司，继续从事这项工作，而且制造出了一种性能远优于普通电缆的新型电缆。1866 年 7 月 13 日，新的试验又开始了，并顺利接通、发出了第一份横跨大西洋的电报！电报内容是："7 月 27 日。我们晚上 9 点到达目的地，一切顺利。感谢上帝！电缆都铺好了，运行完全正常。希拉斯·菲尔德。"不久以后，原先那条落入海底的电缆被打捞上来了，重新接上，一直连到纽芬兰。现在，这两条电缆线路仍然在使用，而且再用几十年也不成问题。

菲尔德的成功证明了只要持之以恒，不轻言放弃，就会有意想不到的收获。

持之以恒才会成功

俗语说："世上无难事，只怕有心人。"这个有心，就是有恒心，有了恒心，不轻言放弃，再难的事也能成功。没有恒心，遇到困难就中途放弃，则一事无成，再容易的事也会成为困难的事。

天下事最难的不过十分之一，能做成的有十分之九。要想成就大事大业的人，尤其要有恒心来成就它，要以坚忍不拔的毅力、百折不挠的精神、排除纷繁复杂的耐性、坚贞不屈的气质，作为涵养恒心的要素。

一个人之所以成功，不是上天赐给的，而是日积月累自我塑造的，千万不能存有侥幸的心理。幸运、成功永远只会属于辛劳的人、有恒心不轻言放弃的人、能坚持到底的人。事业如此，德业也如此。

"冰冻三尺，非一日之寒。"从这个自然现象中就能体现出恒心来，一日曝之，十日寒之；一日而作，十日所辍，成功的概率，几乎等于零。

现在有一种流行病，就是浮躁。许多人总想一夜成名、一夜暴富。比如，投资赚钱，不是先从小生意做起，慢慢积累资金和经验，再把生意做大，而是如赌徒一般，借钱做大投资、大生意，结果往往惨败。网络经济一度充满了泡沫。有人并没有认真研究市场，也没有认真考虑它的巨大风险性，只觉得这是一个发财成名的大馅饼，一口吞下去，最后没撑多久，草草倒闭，白白"烧"掉了许多钞票。

俗话说得好：滚石不生苔，坚持不懈的乌龟能快过灵巧敏捷的野兔。如果能每天学习 1 小时，并坚持 12 年，所学到的东西，一定远比坐在教室里接受 4 年高等教育所学到的多。正如布尔沃所说的，"恒心与忍耐力是征服者的灵魂，它是人类反抗命运、个人反抗世界、灵魂反抗物质的最有力支持，它也是福音书的精髓。从社会的角度看，考虑到它对种族问题和社会制度的影响，其重要性无论怎样强调也不为过"。

大发明家爱迪生也说："我从来不做投机取巧的事情。我的发明除了照相术，没有一项是由于幸运之神的光顾。一旦我下定决心，知道我应该往哪个方向努力，我就会勇往直前，一遍一遍地试验，直到产生最终的结果。"

凡事不能持之以恒，正是很多人失败的根源。英国诗人布朗宁写道：

> 实事求是的人要找一件小事做，
> 找到事情就去做。
> 空腹高心的人要找一件大事做，
> 没有找到则身已故。
> 实事求是的人做了一件又一件，
> 不久就做一百件。
> 空腹高心的人一下要做百万件，
> 结果一件也未实现。

培养不轻言放弃的习惯

（1）合理的计划表可以帮助你坚持下去。如果没计划，东一榔头西一锤子，是做不好工作的。设计合理的计划表，不仅可以理顺工作的轻重缓急，提高工作效率，而且可以在无形之中督促自己努力工作，按时或超额完成计划。

制订可行的工作计划和执行计划时要注意，也许你愿意用硬性的东西约束自己，或希望有充分的灵活性，甚至等自己有了灵感的时候才动工。可是万一你正好没有灵感，整个礼拜都没兴致工作的话，怎么办呢？这样下去，你就可能失去坚持下去的耐心，对自己的创造能力产生怀疑。

至少开始的时候，你可以为自己安排一段单独的时间，试验自己的专长。按照进度会使你做更多的工作——如果你想出类拔萃的话；如果你给自己安排的进度并不过分，可是你还是抗拒它的话——譬如，找借口拖延工作进度，那么就得研究一下自己的动机了。

计划的制订，将迫使你自问这个严酷的问题：我真的想做这件事吗？即使进行得不太顺利，我还是按部就班地做吗？如果答案是："是"。那么你是真的想得到成功，合理的计划表可以帮助你坚持下去。

（2）将挫折转化为前进的勇气。有的失败会转眼被我们忘记，有些挫折却会给我们留下深深的伤痛。但是无论如何，我们都不应该因为挫折而停止前进的步伐，所以每个人都必须为目标奋斗。如果你不继续为一个目标奋斗，你不仅会失去信心，还会逐渐忘记自己有个目标。如果你不再继续坚持的话，就会开始怀疑自己是否能实现计划所定的目标。

有时你也许会因为目前完不成一个小的目标，而改做其他的尝试，这种随便的做法是一种变相的放弃。千万不要拿困难做借口，改作另一个计划。

（3）努力完成计划。当你坚持完成计划的要求，实现成功的目标后，你会更加坚定地做完以后的工作，这对培养你不轻言放弃的习惯会有很大的帮助。不把事情做完的话，你会觉得自己像个没有志气的懒虫。以后如果你不敢肯定是不是能把工作完成的话，就很难再开始做一件新的事情。这是非常重要的一点。因为从事的工作可以只花几个小时，也可能花许多年工夫。所以，不管花多少时间，你都得面临这个问题：完成这件工作呢，还是放弃它？你最好从开始就搞清楚，自己是不是真的想完成它，要不然你何必花费这些心力呢？

如果你是某一领域的专业人员，你的成功目标就是成为这一领域的翘楚，那么就不单单是把计划完成，你必须把作品展示出来，接受别人的批评。不要把你的小说只给一家出版社看，如果这一家不接受的话，就全盘放弃。你必须再接再厉，给很多家出版社看，一定要给自己的作品充分的机会。

如果你为了完成这个计划已经付出了很多，那就坚持下去，也许最艰难的时候，就是离成功最近的时候。

独立自主的习惯

淌自己的汗
吃自己的饭，
自己的事自己干。
靠天靠人靠祖宗，
不算是好汉。

——陶行知

美国石油家族的老洛克菲勒，有一次带他的小孙子爬梯子玩，可当小孙子爬到不高不矮（不至于摔伤的高度）时，他原本扶着孙子的双手立即松开了，于是小孙子就滚了下来。这不是洛克菲勒的失手，更不是他在搞恶作剧，他是要小孙子的幼小心灵感受到：做什么事都要靠自己，就连亲爷爷的帮助有时也是靠不住的。

抛开拐杖走路

人，要靠自己活着，而且必须靠自己活着，在人生的不同阶段，尽力达到理应达到的自立水平，拥有与之相适应的自立精神。这是当代人立足社会的根本基础，也是形成自身生存支援系统的基石，因为缺乏独立自主个性的人，连自己都管不了，还能谈成功吗？即使你的家庭环境所提供的"先赋地位"是处于天堂之乡，你也必得先降到凡尘大地，从头开始，以平生之力练就自立自行的能力。因为不管怎样，你终将独自步入社会，参与竞争，你会遭遇到比学习生活要复杂得多的生存环境，随时都可能出现或面对你无法预料的难题与处境。你不可能随时动用你的生存支援系统，而是必须得靠顽强的自立精神克服困难，坚持前进！

总是得到父母帮助的孩子一般都没有太大的出息，就是这个道理。而一旦当他们不得不依靠自己，不得不动手去做，或是在蒙受了失败之辱时，他们通常就能在很短的时间内发挥出惊人的能力来。

抛开拐杖，自立自强，这是所有成功者的做法。其实，当一个人感到所有外部的帮助都已被切断之后，他就会尽最大的努力，以最坚韧不拔的毅力去奋斗。而结果，他会发现：自己可以主宰自己命运的沉浮！

被迫完全依靠自己、绝没有任何外部援助的处境是最有意义的，它能激发出一个人身上最重要的东西，让人全力以赴。当他的生命危在旦夕，当他被困在出了事故、随时都会着火的车子里，当他乘坐的船即将沉没时，他必须当机立断，采取措施，渡过难关，脱离险境。

一旦人不再需要别人的援助，自强自立起来，他就踏上了成功之路。一旦人抛弃所有外来的帮助，他就会发挥出过去从未意识到的力量。如果我们决定依靠自己，独立自主，就会变得日益坚强，距离成功也就越来越近。

自立者，天助也

"自立者，天助也"，这是一条屡试不爽的格言，它早已被漫长的人类历史进程中无数人的经验所证实。自立的精神是个人真正发展与进步的动力和根源，它体现在众多领域，也成为国家兴旺强大的真正源泉。从效果上看，外在帮助只会使受助者走向衰弱，而自强自立则使自救者兴旺发达。

自力更生和自己战胜自己将教会一个人从自身力量的源泉中吸取动力，从自己的力量中品尝到甜蜜的味道，学会正确地劳动以供养自己。

自立的精神，是一个民族力量的真正源泉。

最穷苦的人也有登及顶峰的时候，在他们走向成功的道路上被证明没有根本不可战胜的困难。

成功的大门时刻为那些吃苦耐劳的人敞开着。

从事物本身的性质来讲，人们自己应当是自己最好的救星。

如何摆脱依赖心理

其实，脱离对别人的依赖，独立地发展和锻炼自己，扔掉拐杖，走出成长的误区，并不是一件非常困难的事情。因为别人能够做成的事，自己也一定能做成。

建立充分的自信心是克服这一弱点、走出人生困局的精神支柱。

遇事不要等别人拿主意，要自己设计，自己决断。

发表言论，不要附和别人的见解，要表现你自己的独到发现。

不要追赶浪潮，要有领导潮流的勇气。不要总是看别人怎样穿衣、怎样走路，要有自己的穿法，有自己的姿势和感觉。

困难面前，不要等待别人的援助，要自己想办法克服，挺过去。

有意把自己置于一个孤立无援的绝境，锻炼自己操纵命运的能力。

当你放弃依赖别人的念头，决心自强自立，从这时候开始，你就走上了成功之路。就这么顽强往前走，百折不挠，你将惊奇地发现原来你在许多方面都毫不逊色于你当初崇拜的偶像们。

摆脱一份依赖，你就多了一份自主，也就向自由的生活前进了一些，向成功的目标迈近了一步。

以下是丁如何摆脱依赖的建议。

（1）依赖自己，而不是依赖别人、依赖组织、依赖亲人。一切都靠自己去奋斗，去争取。只有一切依靠自己，才能获得真正的成功。

（2）消除身上的惰性。依赖心理产生的源泉在于人的惰性。要消除依赖心理，先要消除身上的惰性。要消除惰性，就得锻炼自己的意志。处理事情的时候，要果敢上前，说做就做，该出手时就出手；还得有灵活的头脑，要善于思考，勤于思考。

（3）要有独立意识，要自己替自己做主。要自己替自己做主，就是要时时想到，只有自己的劳动所获得的成果，才是真正属于自己的；只有享受自己的成果，才会有真正的快乐。

（4）要从小事做起。每天认真反思自己的思想，一步一个脚印地去做。任何事情都是这样，不可能一下子就能做成，需要慢慢地起步，一步步地积累，最后才能做成。这就像跳高，总需要先慢慢跑几步，然后再快速跑，最后才起跳。

控制了依赖心理之后，一个人才会找到自己的生活目标，找到生活的方向，依靠自己获得事业的成功。

而且，只有靠自己取得的成功，才是真正的成功。

图书在版编目（CIP）数据

好心态　好性格　好习惯 / 文思源编著 . -- 北京：
线装书局，2018.3（2019.11）
　　ISBN 978-7-5120-3028-2

　Ⅰ．①好… Ⅱ．①文… Ⅲ．①成功心理－通俗读物
Ⅳ．① B848.4-49

中国版本图书馆 CIP 数据核字（2017）第 302381 号

好心态 好性格 好习惯

| 编　　著：文思源 |
| 责任编辑：姚　欣 |
| 出版发行：线裝書局 |

　　　　地　址：北京市丰台区方庄日月天地大厦 B 座 17 层（100078）
　　　　电　话：010-58077126（发行部）010-58076938（总编室）
　　　　网　址：www.zgxzsj.com

| 经　　销：新华书店 |
| 印　　制：北京一鑫印务有限责任公司 |
| 开　　本：880mm×1230mm　　1/32 |
| 印　　张：8 |
| 字　　数：165 千字 |
| 版　　次：2019 年 11 月第 1 版第 3 次印刷 |
| 印　　数：10001—30000 册 |

| 定　　价：35.00 元 |

线装书局官方微信